DR. JOSÉ C

EL AYUNO

SECRETO DEL CRECIMIENTO

BETANIA

Un Sello de Editorial Caribe

Betania es un sello de Editorial Caribe

©2002 **Editorial Caribe**
una división de Thomas Nelson, Inc.
Nashville, TN -- Miami, FL (EE.UU.)
E-Mail: editorial@editorialcaribe.com
www.caribebetania.com

Desarrollo tipográfico:
A&W Publishing Electonic Services, Inc.

ISBN: 0-88113-656-5

Dedicatoria

A mi amada esposa Nelly y a mis hijos Gabriel y
Jonatán, ellos son regalos de Dios que alientan
mi vida. Al cuerpo ministerial y al equipo de
colaboradores de la organización Valle de la
Decisión cuya entrega y fidelidad al Señor ha
sido manifiesta en estos años, al aportar su
esfuerzo para llevar esta visión adelante
en varios países.

A todo el pueblo cristiano que desea
introducirse en una comunión más profunda
con el Señor Jesús a través del ayuno.

Agradecimientos

Especial gratitud hacia mi esposa Nelly por su valiosa colaboración para apoyarme en la supervisión de ayunadores y en todo lo referente a toma de muestras, encuestas y evaluación de las mismas. También, por sus comentarios en el campo de la nutrición que sirvieron para orientar la sección tres de este libro en una dirección adecuada.

A los miles de ayunadores en América Latina que en forma voluntaria se prestaron para la realización de las encuestas, estudios médicos y exámenes de laboratorio que hicieron posible la investigación en un campo tan importante como el del ayuno terapéutico.

A Estela Delfín por la revisión y corrección del manuscrito de este libro.

INTRODUCCIÓN

Mi objetivo principal al escribir este libro es aportar una guía de aplicación práctica y sencilla de cómo ayunar correctamente y así evitar los errores más frecuentes que la mayoría de los cristianos cometen por desconocimiento del tema.

Como médico he dedicado varios años de estudio, observación y de acumulación de experiencias sobre aspectos prácticos del ayuno en las áreas terapéutica, de la nutrición y sicológica. Esto se ha derivado de la supervisión y estudio de miles de ayunadores en diferentes países.

Como ministro he tratado de comprender los aspectos bíblicos más importantes del tema, los cuales he abordado de una manera muy sencilla y bajo una perspectiva de aplicación práctica en la realidad ministerial que me ha correspondido vivir.

En 1985, el Señor Jesús puso en nuestro corazón (en el de mi esposa Nelly y el mío) el deseo especial de ayunar frecuentemente con la finalidad de aprender los detalles de esa práctica y luego transmitir esos conocimientos al pueblo cristiano. Fue así como en 1986 fundamos en Venezuela «Misiones Valle de la Decisión». A través de la misma dictamos seminarios sobre este tema en varios países para capacitar al liderazgo, y pueblo en general en esta área.

La experiencia obtenida durante estos años es valiosa por lo que he considerado prudente compartirla con todos los creyentes a través de este libro. Mi profundo deseo es que pueda aportar algún beneficio a los que con vivo interés despiertan a la práctica de esta disciplina espiritual que, en su correcta proporción, constituye un medio eficaz para intensificar la comunión con el Señor.

En los últimos años he podido observar como el Señor está guiando a su Iglesia a la guerra espiritual y despertando un vivo interés por el ayuno y la oración como armas dentro de la misma. Creo que la práctica verdaderamente bíblica de ayunar para buscar con sencillez el rostro del Señor contribuirá de alguna manera al mover que el Espíritu Santo está realizando en estos últimos tiempos respecto al avivamiento.

Necesitamos retomar el ayuno que le agrada a Dios. Aquel que se realiza con un corazón humilde delante de Él buscando sinceramente su rostro cuando vamos a su presencia con el propósito de buscar comunión y no el de exaltarnos a nosotros mismos por la hazaña de permanecer muchos días sin comer.

El ayuno se realiza abriendo el corazón al Espíritu Santo para que haga su obra transformadora en nosotros. Nunca debemos practicarlo con extremismo, sino con madurez y equilibrio para que resulte en bendiciones verdaderas.

También necesitamos ubicarlo adecuadamente. No es la panacea para todos los males, pero sí tiene su propio lugar en la vida cristiana. El ayuno no es más que un instrumento usado por Dios para bendecir a su pueblo, por eso demos la gloria al Señor y no al ayuno en sí mismo.

Existe una forma correcta de orar, alabar y adorar así como también de ayunar. Solo obtenemos las bendiciones que Dios ha determinado para nosotros en cada una de esas áreas al practicarlas con cierta frecuencia y dirigidos por el Espíritu Santo en forma correcta.

Grandes hombres en la historia de la Iglesia como Lutero, Calvino, Knox, Jonatan Edwards, Wesley y Finney, encontraron la correcta dimensión del ayuno para ser usados por Dios en sus respectivos campos de acción para la liberación de miles de personas oprimidas por Satanás.

En este libro he intentado aproximarme a lo que es el ayuno según el correcto concepto bíblico, pero sin olvidar las palabras de Pablo en Filipenses 3.12: «No que lo haya alcanzado ya, ni que sea perfecto».

Mi deseo es que este libro contribuya a que se retome la práctica del ayuno en forma natural y sencilla en su correcta proporción y como parte de la vida devocional cotidiana de los creyentes. Espero que el lector pueda descubrir las posibilidades potenciales que se encuentran en el verdadero ayuno como arma para derribar fortalezas sobre todo cuando otras han fallado, y como un instrumento de sanidad y restauración vigente en nuestros días.

Les invito a leer este libro y a poner en práctica este modelo de crecimiento y multiplicación basado en la Palabra, el ayuno, la oración y la adoración. ¡Les invito también a ver los resultados varios meses después!

SECCIÓN 1

ÁREA BÍBLICA

«Detrás de la disciplina espiritual del ayuno existe un modelo de crecimiento y multiplicación que imparte sanidad y restauración a la persona que lo ejercita»

DE MÉDICOS A MINISTROS

En 1985, la vida de mi esposa Nelly y la mía comenzó a cambiar de una manera insospechada. Nos desenvolvíamos con toda naturalidad dentro del campo de la salud, ya que ambos somos médicos de profesión. Sin embargo, sucedió algo que no teníamos planificado: ¡El Señor nos inquietó para que tomáramos tiempo para ayunar! ¡Francamente nos sorprendió pues nunca lo habíamos hecho!

Comencé a buscar información en la Biblia sobre lo que significaba el ayuno para Dios, y cómo lo practicaban en el Antiguo y Nuevo Testamentos. Recopilé numerosas citas bíblicas sobre el tema del ayuno. Fui a las librerías cristianas a comprar libros que hablaran sobre el tema pero encontré muy poco material al respecto.

Decidí entonces buscar artículos sobre el ayuno en las bibliotecas de los hospitales donde trabajaba pero lo que encontré fue poco material, y hablaban principalmente de inanición y no de ayuno. Los que escribían sobre este tema lo abordaban como un tópico de investigación en algunos grupos que lo practicaban. Otros no lo recomendaban como una práctica beneficiosa para la salud. Otros decían que era muy bueno, así que finalmente no sabía con claridad a quien creerle.

Entonces el Señor nos alentó a investigar directamente en nosotros los efectos del ayuno. Fue así como iniciamos la investigación sobre el ayuno terapéutico. Pasábamos días tomando solo agua y observando los cambios que se producían en nuestro cuerpo, mi esposa me supervisaba a mí y yo a ella. Tomábamos medidas de varias partes de nuestro cuerpo, nos pesábamos diariamente, tomábamos los signos vitales, obteníamos muestras de sangre y de orina para realizar pruebas de laboratorio.

Anotábamos las observaciones y los resultados obtenidos de las pruebas de laboratorio. A su vez, investigábamos sobre la forma correcta de romper el ayuno y sobre cuales eran los alimentos apropiados para hacerlo. Las primeras veces presentamos síntomas físicos pues lo hicimos inadecuadamente y con alimentos que no deberían utilizarse para romper el ayuno. Todo eso lo realizamos durante año y medio, hasta mediados del año 1986 exactamente.

Eso fue en el área terapéutica pero lo que no sabíamos es que en el área espiritual el Señor también comenzó a actuar iniciando un proceso de sanidad y restauración en nosotros, produciendo cambios profundos en nuestra vida. Cada vez que entrábamos a ayunar el Señor nos llevaba a través de su Palabra a ver aspectos de nuestra vida que antes no habíamos visto. Revisábamos pasajes bíblicos con avidez y en ellos el Señor nos mostraba principios bíblicos fundamentales para crecer como personas.

Pasábamos días orando y adorando al Señor en una comunión que nunca habíamos experimentado antes.

Pasado varios meses en esta actitud de búsqueda sincera del rostro del Señor comenzaron a ocurrir cosas que para ese entonces eran extrañas para nosotros.

Nuestra formación como médicos fue para creer en lo que podíamos demostrar y no para guiarnos por conjeturas. Sin embargo, Dios es soberano y desea manifestarse en una nueva dimensión a través de aquellos que le buscan con diligencia.

Un día mientras me encontraba de guardia en la clínica privada donde trabajaba me enviaron a la casa de una paciente para atenderla allí. Esta tenía trece años postrada en su cama por sufrir una condición llamada artrosis degenerativa, la cual estaba en estado avanzado en sus extremidades inferiores; esta enfermedad había afectado las articulaciones de ambas rodillas por lo cual se mantenían rígidas y sin poderlas doblar. También sufría de osteoporosis (una afección caracterizada por descalcificación de los huesos) y eso había causado que sus piernas estuvieran dobladas y muy débiles. Yo le prescribí analgésicos y otros medicamentos que ella requería.

Cuando me disponía a abandonar la casa vino a mi mente la siguiente pregunta: *¿Ya finalizaste tu trabajo?* Me dije que sí, pero la pregunta volvió a mi mente con insistencia. De repente, me di cuenta que no era yo quien preguntaba sino el Señor. Otro pensamiento vino a mi mente: «Ahora yo voy a comenzar a realizar mi trabajo, y tu vas a participar en él». De repente, tuve la convicción profunda de que debía compartir la Palabra de Dios con la paciente y sus familiares que se encontraban de visita en la casa. Les pregunté si me permitían compartirles algunos versículos de la Palabra de Dios y ellos respetuosamente accedieron. La sorpresa para mí fue que todos los versículos a los que el Señor me guiaba a compartirles relataban milagros realizados por Él en personas muy enfermas. Así compartí varios pasajes bíblicos contenidos en los Evangelios de Lucas, Marcos y Mateo.

Una vez que lo hice pensé que era todo lo que el Señor Jesús quería que hiciese pero nuevamente vinieron a mi mente sus pensamientos: «Pregúntale si cree que Jesucristo tiene poder para sanarla». Así lo hice a lo que ella respondió: «!Sí, creo!» Lo que sucedió luego nunca lo olvidaré pues ha sido uno de los momentos más difíciles de mi vida, se estableció una lucha entre la nueva criatura que deseaba surgir y el viejo hombre con todos sus prejuicios, dudas y temores.

A mi mente llegó la siguiente orden: «Ve, pon tus manos sobre sus rodillas y ordena en mi nombre que sus rodillas sean sanadas y sus piernas enderezadas». No me alegré al oír esto, yo no era un monumento a la fe sino todo lo contrario. Una nube oscura de dudas y temores vino sobre mí, comenzaron a aparecer en mi mente pensamientos científicos que decían que no era posible que esta persona caminara. A su vez, había un susurro dentro de mí que decía: «Para Dios no hay nada imposible». Fueron minutos que parecían una eternidad, no sabía que hacer, tenía una mezcla de emociones y pensamientos. Yo nunca había experimentado esta situación anteriormente y no sabía como manejarla. Era una nueva dimensión que no conocía.

Todas las miradas estaban sobre mí mientras la paciente repetía: «Creo que Jesús pude sanarme». La miré y vi un brillo nuevo en sus ojos, el brillo de la fe que yo no tenía en ese momento. Ante esta situación nada más atiné a clamar: «Señor Jesús, ayúdame a vencer mi incredulidad, dame el don de la fe».

Al instante pude sentir como su presencia inundaba toda la casa y apareció una convicción que nunca antes había tenido y con gran seguridad puse mis manos sobre las rodillas de la paciente y ordené en el nombre de Jesús que sanaran y que también sus piernas fueran enderezadas y fortalecidas. De repente sus piernas se comenzaron a enderezar ante los ojos de los que estábamos ahí.

¡Sentí la convicción de levantarla y al ponerla de pie comenzó poco a poco a doblar sus rodillas por primera vez en trece años! Una sensación extraña pero agradable recorría todo mi cuerpo mientras observaba esto. Luego ella comenzó a dar pequeños pasos un poco tambaleante pero después comenzó a caminar más segura y más rápido hasta que corrió por la casa glorificando el nombre del Señor.

Todos los familiares de la paciente estaban de rodillas llorando ante la presencia del Señor que había roto el yugo que mantuvo atada a esa mujer durante trece años. Al final todos ellos (trece personas en total) aceptaron a Jesucristo como su Salvador y Señor.

Ese día el médico que se guiaba por la lógica fue confrontado en su fe y comenzó a surgir el ministro que Dios deseaba formar. Desde ese entonces comenzaron a ocurrir con frecuencia otras cosas similares en mi vida. Debido a esto, mi esposa Nelly y yo organizamos una reunión con nuestro pastor y con los ancianos de la iglesia para comentarles todas estas cosas extrañas que estaban ocurriendo. Ellos, después de escucharnos nos dijeron: «Continúen ayunando y orando pues Dios los está preparando para llamarlos genuinamente al ministerio».

Realmente no era lo que yo deseaba escuchar pues no tenía ningún interés en convertirme en ministro. Yo tenía mis planes trazados hacía mucho tiempo y mi deseo era realizar un posgrado en cirugía plástica para el cual ya había obtenido una beca.

Cuando estaba preparando todo para viajar al país donde realizaría ese posgrado el Señor habló a mi mente diciendo: «No te vayas, deseo que ayunes por varios días pues tengo que hablar contigo». La verdad es que me resistí y me negué a seguir esas instrucciones. Algo dentro de mí me indicaba que tendría un encuentro personal con el Señor y que nunca sería el mismo después de este. Tenía temor de tener ese encuentro. Sentía que eso tendría una gran repercusión en mi vida futura. Pensé: «Y ahora para colmo el Señor me pide que renuncie al posgrado que siempre he deseado». No sabía en ese entonces que para que surjan los sueños de Dios tienen que morir los nuestros.

Durante dos semanas luché con todas mis fuerzas para evadir ese encuentro pero el Señor en su misericordia me confrontó de muchas maneras. A través de su Palabra, de personas, circunstancias, etc. ¡Me aislé un poco de la gente, solo iba a la iglesia los domingos para evitar que Dios me hablara pero Él lo seguía haciendo! No podía dormir en las noches y en una de ellas me dirigí al balcón de mi apartamento y contemplé las estrellas y en mi angustia expresé: «Todo está en un orden, cada estrella tiene su lugar en el cielo». De pronto, escuché la voz del Señor en mi mente que me dijo: «Y tu también tienes un lugar en mi Reino». Caí de rodillas y comencé a hacer algo que nunca acostumbraba: ¡a llorar intensamente! Pasé mucho tiempo así y me rendí ante el Señor; le expresé mi frustración por no poder hacer el posgrado en cirugía plástica y Él me dijo: «Deseo que te especialices en escuchar la voz de mi Espíritu Santo, Él te guiará a toda verdad».

Fue así como inicié un ayuno prolongado ingiriendo solamente agua. Sabía que iba a ese encuentro con el Señor en donde nadie sale igual. Pasados varios días me encontraba leyendo la Palabra de Dios, me senté en un sofá y estaba reflexionando sobre lo que decían las Escrituras y de repente comencé a observar, como en una película de cine, escenas de multitudes de personas de todas partes de la Tierra (como un ejército) que acudían a un lugar específico a ayunar, orar, adorar y proclamar la Palabra de Dios. Muchos de ellos estaban heridos, derrotados, cansados, decepcionados, sin vida, pero después de ese encuentro especial con el Señor en ese lugar salían reconfortados, sanados, restaurados y llenos de poder y autoridad. Se dispersaban por todas las naciones con una nueva actitud guiando a millones de personas a aceptar a Jesucristo como Salvador y Señor.

Yo me asombré por todo esto que presenciaba en forma panorámica y le pregunté al Señor: «¿Qué es esto?», a lo que Él me respondió: «Es el Valle de la Decisión» y continúo diciendo: «Todo aquel que entre al Valle de la Decisión no saldrá igual, porque habrá tenido un encuentro personal conmigo». Finalmente me dijo: «Ven y entra en el Valle de la Decisión». Agregó luego: «Te he llamado para que convoques a gentes en las naciones para que acudan a un encuentro personal conmigo en el Valle de la Decisión. Ellos tomarán decisiones profundas conmigo que cambiarán su vida».

Realmente lo que el Señor me mostró fue un modelo bíblico de crecimiento y multiplicación basado en la puesta en práctica de las disciplinas espirituales del ayuno, la oración, la adoración y la proclamación en fe de la Palabra de Dios.

El 26 de noviembre de 1986 iniciamos el trabajo ministerial y desde entonces me he dedicado a cumplir con este llamado del Señor convocando a personas (ministros y creyentes en general) en varias naciones a acudir a retiros de ayuno y oración. He podido observar que esta visión se está cumpliendo en millones de personas. El Señor está llamando a su pueblo en estos últimos tiempos a buscar su rostro, a vivir en santidad, a crecer como creyentes y a entrar a una nueva dimensión espiritual de autoridad. Dios está sometiendo a un proceso profundo de madurez a muchos creyentes para poder capacitarlos con una unción especial que rompa los yugos del maligno.

La vida de mi esposa Nelly y la mía han cambiado radicalmente desde que entramos al Valle de la Decisión. Hoy en día, no ejercemos la medicina pues somos ministros a tiempo completo. Como fundadores de Misiones Valle de la Decisión, un ministerio creciente que avanza hacia las naciones con el poderoso mensaje del evangelio, dedicamos nuestro tiempo a compartir la visión que el Señor nos dio.

Personalmente hemos comprobado lo que el Señor dijo: «Todo aquel que entre en el Valle de la Decisión no saldrá igual».

DEFINICIÓN

Ayuno es la abstención voluntaria de ingerir alimentos por un período de tiempo determinado con la finalidad de buscar el rostro y la dirección de Dios en profunda comunión con Él.

CLASIFICACIÓN

Podemos clasificar al ayuno en forma general en tres variedades muy conocidas: total, absoluto y parcial.

TOTAL

Es el que se realiza sin la ingestión de alimentos sólidos o líquidos. Esto quiere decir que tampoco se ingiere agua.

Esta variedad de ayuno era utilizada en tiempos bíblicos cuando se presentaban situaciones de mucho riesgo para la vida de una persona o nación como lo sucedido con la reina Ester y el pueblo Judío cuando estuvieron en peligro de ser exterminados.

En Ester 4.16 leemos: «Ve y reúne a todos los judíos que se hallan en Susa, y ayunad por mí, y no comáis ni bebáis en tres días, noche y día; yo también con mis doncellas ayunaré igualmente, y entonces entraré a ver al rey, aunque no sea conforme a la ley; y si perezco, que perezca».

Durante ese tiempo no comieron ni bebieron, lo cual es la expresión bíblica que usualmente se usa para denotar este tipo de ayuno.

También podemos ver una situación similar cuando Dios envió a Jonás a anunciar la destrucción de Nínive (Jonás 3.7) y como la respuesta de todo el pueblo fue el humillarse profundamente buscando la misericordia del Señor.

El ayuno total encierra una dimensión de obtener una respuesta imperiosa, de urgencia, ante una situación de extrema opresión, peligro o necesidad.

Muchas veces situaciones extremas requieren también de medidas extremas como el ayuno total.

En Hechos 9.3 leemos: «Donde estuvo tres días sin ver, y no comió ni bebió». Este pasaje se refiere a Pablo después que tuvo un encuentro personal con Cristo glorificado. Fue tal el impacto que eso produjo en su ser que durante esos días no pudo ingerir nada, sino que clamaba al Señor como lo expresa el versículo 11: «Porque he aquí, él ora». Buscaba una respuesta de Dios ante la nueva situación en la cual se encontraba, impotente, sin poder usar la autoridad humana que se le había dado, confundido y además ciego.

El ayuno total muchas veces es conocido popularmente como el ayuno seco para denotar que no se ingiere agua. En el capítulo dedicado al ayuno médico o terapéutico se harán algunas observaciones con referencia a este tipo de ayuno.

ABSOLUTO

Se realiza sin la ingestión de alimentos sólidos o líquidos, pero sí se ingiere agua lo cual es lo único que ingresa al organismo durante el período de tiempo que dura el mismo. Algunos autores denominan a este tipo de ayuno como: ayuno natural.

El ayuno más notorio de esta variedad, en el Nuevo Testamento, fue el realizado por el Señor Jesús. El mismo es referido en el Evangelio según San Mateo capítulo 4.1-11.

El versículo que nos da la clave para inferir esto es el 2, el cual expresa: «Y después de haber ayunado cuarenta días y cuarenta noches, *tuvo hambre*» (énfasis añadido).

En ningún momento se hace referencia a la expresión «no comió ni bebió» que se usaba en los tiempos bíblicos para denotar al ayuno total. Entonces esto quería decir que sí estaba ingiriendo agua. Además hace referencia al hecho de que tuvo hambre y no tenía sed, pues esta última estaba saciada.

El cuerpo humano fue diseñado por Dios para soportar muchos días sin comer pero pocos días sin tomar agua, pues es uno de sus componentes en mayor cuantía.

Es notorio observar que cuando en la Biblia se hace mención a este tipo de ayuno se enfatiza solamente el hecho de que la persona no había comido nada. Un ejemplo de esto lo podemos observar en Hechos 27.33. Cuando comenzó a amanecer,

Pablo exhortaba a todos que comiesen, diciendo: «Este es el decimocuarto día que veláis y permanecéis en ayunas, *sin comer nada*» (énfasis añadido).

Esta es otra razón por la cual podemos inferir que en Mateo 4.2 se enfatiza en que el Señor Jesús tuvo hambre, pues la necesidad que tenía era de alimentos los cuales no había ingerido durante esos cuarenta días. Solo se hacía mención de lo que se abstenía la persona que ayunaba, de alimentos y agua o solo de agua.

PARCIAL

Es el que se realiza eliminando cierto tipo de alimentos y bebidas de la dieta que usualmente ingerimos. Es una restricción controlada más que una abstención total.

Daniel 10.3 hace referencia de que él se abstuvo de ingerir pan, carne y vino por un periodo de veintiún días para orar intensamente por el pueblo de Israel durante su cautiverio en Babilonia.

También podemos hablar de ayuno parcial cuando suprimimos una o dos de las comidas regulares del día. Por ejemplo, el desayuno y el almuerzo y solo tomamos la cena durante los días que se haya determinado ayunar parcialmente. Es de hacer notar que la cantidad de alimentos en la cena (o en las otras comidas en caso de suprimir solamente una) no se incrementa, ya que no estamos distribuyendo la cantidad de tres comidas en una o dos, según sea el caso.

El sentido del ayuno parcial es que nos abstenemos de una o dos comidas por razones espirituales y para dedicar ese tiempo a la comunión con el Señor.

Otra variedad de ayuno parcial muy utilizada es la de ingerir solamente jugos de frutas o vegetales durante los días que dure el ayuno. También los jugos pueden ser sustituidos por las porciones de las mismas frutas o vegetales.

Finalmente, dentro del ayuno parcial, se encuentra una variedad que se ha denominado *ayuno de Daniel* y el cual consiste en ingerir solamente vegetales y agua como únicas fuentes de alimentación durante los días del ayuno (véase Daniel 1.12).

Desde el punto de vista bíblico podemos clasificar al ayuno en dos variedades: proclamado y consagrado.

PROCLAMADO

Es aquel donde un grupo de personas se ponen de acuerdo para abstenerse de ingerir alimentos durante un periodo de tiempo determinado y con una finalidad espiritual específica. Un ayuno proclamado puede ser realizado por dos personas, una familia, una congregación o por toda una nación bajo circunstancias muy especiales.

Un ejemplo de este caso fue el del rey Josafat, referido en 2 Crónicas 20.3: «Entonces él tuvo temor; y Josafat humilló su rostro para consultar a Jehová, e hizo pregonar ayuno a *todo* Judá (énfasis añadido).

Durante un ayuno proclamado se crea una atmósfera especial de unidad y autoridad en el grupo debido a que los une un fin común.

Esto generalmente produce un deseo intenso de unir esfuerzos y propósitos en común a través de la oración. Esta actitud de la voluntad humana es luego orientada por el Espíritu Santo para crear algo que solo es potestativo de Él: la unanimidad.

Esta es la secuencia que observamos en Hechos 2 cuando se nos relata cómo los ciento veinte se pusieron de acuerdo para orar en el aposento alto y como el Espíritu Santo los llevó hasta la unanimidad.

Es aquí donde radica la importancia del ayuno proclamado, en el poder del acuerdo en el nombre del Señor Jesús, centrado en Él y no en el grupo.

La Palabra nos enseña en Mateo 18.18-20 lo siguiente: «De cierto os digo que todo lo que atéis en la tierra, será atado en el cielo; y todo lo que desatéis en la tierra, será desatado en el cielo. Otra vez os digo, que si dos de vosotros *se pusieren de acuerdo* en la tierra acerca de cualquier cosa que pidieren, les será hecho por mi Padre que está en los cielos. Porque donde están dos o tres congregados *en mi nombre*, allí estoy yo en medio de ellos» (énfasis añadido).

Un ayuno proclamado bien dirigido, en el lugar y tiempo apropiado y con un propósito específico, puede dar maravillosos resultados. Podemos ver como Dios obra milagrosamente en una congregación, familia o nación durante este tiempo especial de unidad como un solo cuerpo. No hay nada más poderoso aquí en la tierra que el pueblo de Dios unido intercediendo, ayunando y clamando en el nombre del señor Jesús.

El ayuno proclamado centrado en el señor Jesús y bajo la guía del Espíritu Santo encierra en sí mismo una dimensión especial de poder y autoridad. A través de el ayuno se pueden romper ataduras profundas que oprimen a una congregación, familia o nación. Esto puede ser posible si practicamos el ayuno con cierta regularidad y poniéndonos de acuerdo para atar las potestades que producen dichas opresiones. Esto permitirá obtener la victoria en unidad y para gloria del Señor Jesús.

Un ejemplo de ayuno proclamado lo constituye el hecho de que usualmente las iglesias tienen días fijos en la semana donde realizan los ayunos congregacionales.

CONSAGRADO

Este tiene una connotación más seria en el orden espiritual. Es tan largo como guíe el Espíritu Santo al creyente, pudiendo llegar hasta cuarenta días, lo que lo ubica dentro de la variedad de ayuno absoluto, o sea, ingiriendo solo agua mientras este dure.

Durante este período el ayunador se consagra a Dios, dedicando la totalidad del tiempo para adorarle con todo su ser; clama a Él, busca su rostro intensamente y no busca hacer peticiones personales o egoístas.

Generalmente son ayunos de llamamientos especiales o cuando el Señor desea tratar aspectos profundos en el creyente. Lee Bueno nos dice: «Un ayuno consagrado, como quiera, es un acto monumental de súplica en el cual nuestros deseos, nuestras metas y nuestras vidas son alineadas con los propósitos de Dios. Un ayuno consagrado nos prepara para cumplir el plan de Dios, no nuestras ambiciones carnales»[1].

Ciertamente, en el ayuno consagrado hay un trato especial de Dios hacia el creyente. Nos preparamos para la autonegación, requisito indispensable para que Dios nos pueda otorgar poder espiritual. Para aquel que realiza un ayuno consagrado en su correcto significado bíblico, su vida no vuelve a ser la misma. Dios pondrá sobre él propósitos específicos de acuerdo a su plan que la mayoría de las veces va en sentido opuesto a los propósitos que el creyente tenía antes del ayuno. ¡Cuánta falta hace en nuestros tiempos actuales que muchos creyentes realicen ayunos consagrados!

PROPÓSITOS DE DIOS PARA EL AYUNADOR

La mayoría de las veces que los creyentes practican el ayuno lo hacen con el propósito de obtener respuestas de Dios en alguna área específica. Hay tantos propósitos como creyentes en la tierra.

Otros hasta tratan de establecer un intercambio con el Señor: *Ayuno para que me des poder*. Estos ni siquiera se percatan que Él tiene sus propios propósitos por los cuales nos guía a practicar el ayuno.

Cuando Dios nos guía a través de su Espíritu Santo a realizar la práctica de alguna disciplina espiritual, sea la oración, el ayuno, la alabanza o la adoración, lo hace visualizando la totalidad de nuestra vida desde el principio hasta el fin. No lo hace como un acto aislado, sino como parte importante del plan que Él trazó para nosotros. Él conoce perfectamente lo que en realidad necesitamos para ser bendecidos. «Pues aún no está la palabra en mi lengua, y he aquí, oh Jehová, tú la sabes toda» (Salmo 139.4). Él conoce las áreas en las cuales necesitamos madurar o ser libres, y la forma de hacerlo.

Hay propósitos profundos en cada actividad que Dios nos guía a realizar.

Todo tiene una razón de ser en el mundo espiritual pero que muchas veces no entendemos. Él a través de su Espíritu Santo nos guía a lo que nos conviene, por lo tanto debemos someternos al llamamiento que hace internamente en nosotros. La Palabra en Filipenses 2.13 dice: «Porque Dios es el que en vosotros produce así el querer como el hacer, por su buena voluntad».

A veces descartamos la práctica de la disciplina espiritual del ayuno solo por prejuicios personales sin detenernos por un instante a preguntarle al Señor qué opina al respecto. Hay momentos en nuestra vida que requerimos del ayuno como instrumento que Dios utiliza, entre el arsenal de armas espirituales, para bendecirnos.

Solo podremos obtener las bendiciones que se derivan de la oración, de la alabanza y de la lectura de la Palabra, si las practicamos regularmente. De la misma manera sucede con el ayuno. Como dije anteriormente, no es la panacea para todo, pero tiene su lugar en la vida cristiana y el mismo Dios lo estableció, no nosotros.

Desde 1986 he estado dirigiendo a miles de creyentes en varios países a realizar la práctica del ayuno y básicamente he observado seis propósitos generales por los cuales el Señor guía a su pueblo a ayunar. Estos son:

1. **Quebrantamiento**
2. **Cambio de actitud**
3. **Liberación**
4. **Dirección**
5. **Fortaleza**
6. **Llamados específicos**

Estos no están en un orden establecido pero sí engloban lo que la mayoría de las veces el Señor hace en los creyentes que practican el ayuno. Tampoco digo que sean los únicos propósitos que tiene Dios para llamarnos a ayunar, pero sí forman parte de los más frecuentes. Pasemos a desglosar cada uno de ellos en detalle.

QUEBRANTAMIENTO

Todas las personas tienen sus propios criterios de lo que es el mundo espiritual, pero una vez que aceptamos a Cristo como nuestro Salvador y Señor el Espíritu Santo nos va guiando progresivamente a toda verdad de acuerdo a la Palabra. Pero aún así muchas veces continuamos con nuestros propios criterios en ciertas áreas que conforman nuestra vida cristiana. Tenemos nuestras propias interpretaciones basadas en lo que conocemos realmente del mundo espiritual de Dios. El apóstol Pablo dijo en 1 de Corintios 13.9: «Porque en parte conocemos, y en parte profetizamos».

Esto nos hace correr el riesgo de volvernos orgullosos y arrogantes (aun más si somos usados por Dios en el ministerio) si no experimentamos el quebrantamiento con cierta frecuencia. En cualquier momento podemos endurecer el corazón y desviarnos del propósito del Señor para con nosotros.

Él, por su misericordia, propicia el quebrantamiento para devolvernos a su propósito original nuevamente.

La importancia del ayuno y una de las razones por la cual Dios nos guía a practicarlo es porque esta disciplina espiritual nos pone en la *disposición* de recibir el quebrantamiento pues nos hace más sensibles a la voz del Espíritu Santo. El ayuno permite sujetar nuestra carne y sus deseos para humillarnos delante de la presencia del Señor. Nos permite poner a un lado nuestros criterios y pedirle a Dios que muestre los suyos en áreas específicas de nuestra vida.

No importa cuán ungidos o utilizados por Dios seamos. Si nos descuidamos, el orgullo espiritual puede gobernar nuestro corazón en algún momento de nuestra vida.

La Biblia hace referencia de un gran hombre de Dios el cual tenía comunión con Él desde niño. Era un ungido, sin embargo, se descuidó y en su corazón entró el deseo de poseer la mujer de otro. Una vez consumado este acto continuó endureciendo su corazón y envió al esposo de la mujer que había tomado a una muerte segura en el frente de batalla. Por supuesto que me refiero al rey David (2 Samuel 12).

Su corazón se había llenado de orgullo espiritual y el Señor tuvo que intervenir para quebrantarlo enviando al profeta Natán para confrontarlo.

Este le contó una situación que ocurrió entre dos hombres, uno rico y el otro pobre. El rico le había quitado la única corderita que tenia el hombre pobre para darla de comer a otros en lugar de matar una de las muchas de su propiedad. Esto provocó el enojo del rey David en contra del hombre rico por lo que había hecho, y aún mas se atrevió a sentenciar: «Vive Jehová, que el que tal hizo es digno de muerte» (2 Samuel 12.5). ¿Se imaginan? ¡Estaba tan ciego por su orgullo espiritual que no se percató que aquel personaje descrito en el relato se trataba de él mismo hasta que se lo dijo el profeta Natán! (2 Samuel 12.7). Eso es lo que ocurre cuando no experimentamos el quebrantamiento con regularidad delante de Dios, nos endurecemos de corazón.

En Isaías 57.15 dice: «Porque así dijo el alto y sublime, el que habita la eternidad, y cuyo nombre es el santo. Yo habito en la altura y la santidad, con el *quebrantado* y humilde de espíritu, para hacer vivir el espíritu de los humildes, y para vivificar el corazón de los *quebrantados*» (énfasis añadido). Aquí podemos observar la importancia del quebrantamiento: a) Es el mecanismo que usa el Espíritu Santo para asegurarse de que estemos en la presencia de Dios y que hagamos su voluntad. b) Es a través de él que el Espíritu Santo nos mantiene actualizados sobre nuestra conducta, de si es o no sincera delante de Dios.

CAMBIO DE ACTITUD

La Biblia lo define como el arrepentimiento que experimenta una persona al reconocer que ha transgredido la ley de Dios.

Dios desea llamarnos la atención en algunas áreas de nuestra vida para realizar algo nuevo en ellas. Cuando el Espíritu de Dios produce un impacto en nuestra vida es cuando hay un genuino cambio de conducta. Eso es una de las razones por las cuales el Señor utiliza al ayuno como instrumento para llegar a áreas profundas de nuestra alma en la cual están contenidas nuestras emociones, pensamientos y conductas.

El ayuno nos permite enfocar por un lapso de tiempo determinado el mundo espiritual, moral, emocional y cultural en el cual estamos viviendo, y sin ninguna interrupción que desvíe nuestra atención. En momentos así de comunión con Dios es cuando el Espíritu Santo puede obrar cambios profundos en nosotros como persona, familia o nación. Muchas veces durante un ayuno, el Espíritu Santo nos hace conscientes de la necesidad de cambiar de actitud ante la vida cristiana que estamos llevando la cual puede haberse estancado y no mostrar ningún progreso. La monotonía y cosas erradas que hacemos como normal bajo parámetros culturales la puede destruir. Quizás hayamos permitido que se formen en nosotros falsas creencias doctrinales que nos roban las bendiciones del Señor. Él en su misericordia nos lleva a través del ayuno a un momento de especial comunión para restaurarnos. Primero nos quebranta produciendo un impacto en nuestro ser y luego nos hace conscientes de la necesidad de arrepentirnos para volver a tener comunión con Él.

Como habíamos visto en 2 Samuel 12.1-13, el rey David se había desviado del plan de Dios para su vida por el orgullo espiritual. El Señor creó un impacto en su ser a través del mensaje dado por el profeta Natán. David fue quebrantado y se arrepintió. «Entonces dijo David a Natán: Pequé contra Jehová» (2 Samuel 12.13).

Se hizo consciente de que tenía que cambiar de actitud para volver a tener comunión con Dios. En el Salmo 51.10 leemos: «Crea en mí, oh Dios, un corazón limpio y renueva un espíritu recto dentro de mí». La palabra *renueva* denota que el rey David había llegado a la conclusión de que tenía que ser restaurado por Dios. Todo el Salmo 51 es un hermoso monumento de valor y humillación de un hombre que se sabe pecador pero que busca la restauración de su amado Dios. En este salmo está reflejado el dolor de aquel que una vez tuvo comunión perfecta con el Señor y que ahora la ha perdido.

Quizás nos hayamos sentido como David, y solo estando en intimidad (sin la interrupción ni siquiera de los alimentos) podemos poner nuestro ser delante de Él y recibir la paz que necesitamos y el bálsamo derramado sobre nuestro afligido corazón.

LIBERACIÓN

El deseo del Señor es ver a su pueblo libre porque «para esto apareció el hijo de Dios, para deshacer las obras del diablo» 1 Juan 3.8. Él se regocija al ver libre a su amada Iglesia. El ayuno es una arma poderosa para romper fortalezas y que el Señor delegó a su pueblo para que la utilizara. Muchas veces observamos a creyentes que sufren de opresiones del enemigo tan intensas que les impide orar, alabar, interceder o leer la Palabra. Necesitan la ayuda de aquellos que le aman en Cristo Jesús. Necesitan hermanos comprometidos que ayunen e intercedan por ellos para poder ser liberados.

Otras veces los creyentes en gran aflicción son guiados por el Espíritu Santo a entrar a un período de ayuno, pues requieren de un trato especial de Dios en su vida cuando están en disposición de recibirlo. Cuando mayor es la opresión sobre el creyente se requieren armas más poderosas a usar y una unción mayor para liberar al oprimido. Por ello al unir la oración y el ayuno el efecto se intensifica aun más.

En el Evangelio según San Juan 8.32 podemos leer: «Y conoceréis la verdad, y la verdad os hará libres». Esta porción se ha cumplido en los tiempos de ayuno. Es asombroso ver como liberaciones profundas son realizadas sin las luchas físicas que muchas veces observamos. Después de enseñar la Palabra y una vez que los creyentes la entienden y la aceptan en su vida, pueden ser guiados a renunciar al poder que hasta ese instante ha tenido sobre ellos la culpabilidad, el temor, la lascivia o cualquier otra situación que los haya oprimido por largo tiempo.

Cuando una persona acepta la Palabra de Dios y renuncia al poder de la opresión, realmente está declarando inoperante el poder del maligno en esa área, le está quitando el derecho legal que tenía hasta ese momento. Luego le ordena al enemigo que suelte esa área en el nombre de Jesús y lo hace sin manifestaciones físicas de lucha.

En tiempos de ayuno se observa que los creyentes tienen una mejor disposición a estudiar la Palabra y a su vez hay una mayor acción del Espíritu Santo en mostrar con mas claridad ciertos aspectos que en otras ocasiones han escuchado o leído, pero que no han entendido.

DIRECCIÓN

Uno de los propósitos más hermosos de Dios cuando nos llama a ayunar es mostrarnos su dirección para nuestra vida. «Me guiará por sendas de justicia por amor de su nombre» (Salmo 23.3).

Generalmente, el Señor nos habla de maneras diferentes con respecto a ciertos tópicos pero nosotros no estamos en disposición de oír su voz por los afanes cotidianos de la vida. Esa ansiedad con la cual vivimos atenta contra la comunión entre el Señor y nosotros.

El ayuno nos da la oportunidad de estar tranquilos y a solas con el Señor.

Nos ayuda a desarrollar la disciplina de estar en su presencia para que nos guíe por sendas de justicia. La Palabra nos dice que «en parte conocemos» y es por eso que debemos acudir a Él quien es omnisciente y conoce todo a plenitud.

En Jeremías 33.3 leemos: «Clama a mí y yo te responderé, y te mostraré cosas grandes y ocultas que tú no conoces». Esto se cumple si nos ponemos en disposición para que Dios nos lo muestre.

Es muy difícil escuchar con angustia en el corazón la voz del Señor por todas las cosas que conforman nuestra vida tales como el trabajo, la casa, el colegio de los niños, el presupuesto familiar, los pagos imprevistos y un sin número de cosas que nos quitan la paz.

Todos debemos aprender a tomar vacaciones con Dios, lo cual consiste en tomar un tiempo específico para apartarnos de lo cotidiano y estar a solas con el Señor en ayuno y oración. Les menciono vacaciones pues el ayuno no es un tiempo de sacrificio sino de comunión según lo veremos mas adelante.

Cuando un creyente ayuna y se hace accesible a la guía de Dios, cosas nuevas pueden ocurrir. Un ejemplo de esto lo vemos relatado en el libro de Hechos capítulo 10, cuando un centurión romano llamado Cornelio ayunaba y oraba con un corazón humilde y presto a la voz del Señor. Entonces se le apareció un ángel que le dio instrucciones para que enviase a buscar a Pedro y le hablase a los suyos.

Pero, ¿qué estaba pasando al otro extremo de la ciudad? Otro hombre judío estaba orando cuando recibe una visión de Dios. Poco tiempo después los hombres del centurión llegan a buscarle y el Señor le da la orden de ir con ellos sin temor. Al llegar a la casa de Cornelio este comparte lo que Dios le había revelado y Pedro comienza a presentar el plan de salvación, ¡por primera vez a los gentiles! Todos los que estaban con Cornelio en su casa fueron llenos del Espíritu Santo y comenzaron a hablar en lenguas celestiales.

¡Grandes cosas ocurren cuando nos disponemos a recibir la dirección de Dios!

Cornelio y Pedro estaban en esa disposición, pues a través del ayuno y la oración el Espíritu Santo los había introducido en las vivencias del mundo espiritual. Recordemos lo que la Palabra nos dice en Juan 3.27: «No puede el hombre recibir nada, si no le fuere dado del cielo».

Teniendo un Dios omnisciente que desea guiarnos por sendas de justicia y que nos ha proporcionado medios para acudir a Él, no se justifica que vivamos en desconocimiento de realidades espirituales importantes para el crecimiento y madurez en la vida cristiana.

Finalmente, recordemos el alerta que Dios nos hace en esta área a través de su Palabra contenida en Oseas 4.6: «Mi pueblo fue destruido, porque le faltó conocimiento».

FORTALEZA

Todo creyente tiene aflicciones en su vida, lo cual lo hace madurar y aprender cómo vencerlas. Pero mientras está en ese proceso de crecimiento, algunas veces cree que las cargas van a superar sus fuerzas.

El Señor nos llama a ejercitar las disciplinas espirituales como el ayuno para fortalecer nuestro hombre interior como lo expresa Efesios 3.16: «Para que os dé, conforme a las riquezas de su gloria, el ser fortalecidos con poder en el hombre interior por su Espíritu».

Hebreos 12.11 dice: «Es verdad que ninguna disciplina al presente parece ser causa de gozo, sino de tristeza; pero después da fruto apacible de justicia a los que en ella han sido ejercitados».

Quizás sea por ello que algunos creyentes no acuden al llamado del Señor a ayunar porque se requiere de cierta disciplina, de poner en juego la voluntad y eso no es causa de gozo inicialmente. Pero cuando entienden que la disciplina del ayuno es una forma que Dios utiliza para fortalecerlos en su hombre interior acceden a practicarlo.

El Señor transforma áreas específicas del creyente con la finalidad de que su testimonio produzca cambios en otros. Un testimonio de cambio, madurez y consagración, inspira a otros ya que crea más impacto un testimonio genuino que mil palabras vacías.

En Mateo 4.1 dice que el Señor Jesús «fue llevado por el Espíritu al desierto, para ser tentado por el diablo». Aquí podemos visualizar el ayuno como una oportunidad que Dios nos proporciona para crecer y ser fortalecidos. Nuestro espíritu se fortalece al debilitarse la carne y sus deseos.

LLAMAMIENTOS ESPECÍFICOS

En Hechos 13.2 leemos: «Ministrando estos al Señor, y ayunando, dijo el Espíritu Santo: Apartadme a Bernabé y a Saulo para la obra a que los he llamado».

Todo el grupo de los que se encontraban reunidos se deleitaban en la presencia del Señor ayunando, orando y alabando su nombre. En ningún momento se hace referencia al deseo de alguno de ellos de recibir un ministerio a cambio por lo que estaban realizando en ese momento; simplemente Dios manifestó su plan para con ellos a través de su Espíritu Santo. Esto lo hizo cuando consideró que estaban maduros para cumplirlo.

Muchos creyentes han sido sometidos a una preparación intensa por parte de Dios en áreas específicas de sus vidas. Sin que ellos lo sepan el Señor los ha estado preparando por años

para cumplir un propósito dentro del Cuerpo de Cristo.
Cuando Dios determina que ya es el tiempo, guía al creyente a un momento en que está sensible a su voz para comunicarlo a su corazón sin la duda que es Él quien realiza el llamamiento. Tal vez sea por eso que durante los tiempos de ayuno muchos creyentes reciben llamamientos genuinos por parte del Señor Jesús.

ENGAÑOS DE SATANÁS PARA DESVIRTUAR EL AYUNO

En esta parte vamos a ver algunas artimañas que Satanás utiliza con la finalidad de desviar el propósito del ayuno bíblico. También veremos otras que usa para evitar que los creyentes ayunen en la actualidad. Todas tienen que ver principalmente con las actitudes y conductas humanas ante una disciplina espiritual como el ayuno.

En el Evangelio según San Mateo 6.16-18 podemos leer: «Cuando ayunáis, no seáis austeros, como los hipócritas; porque ellos demudan sus rostros para mostrar a los hombres que ayunan; de cierto os digo que ya tienen su recompensa. Pero tú, cuando ayunes, unge tu cabeza y lava tu rostro, para no mostrar a los hombres que ayunas, sino a tu padre que esta en secreto; y tu padre que ve en lo secreto te recompensará en público».

Esta porción forma parte de toda una serie de enseñanzas que el Señor está dando sobre diferentes tópicos como la oración, las riquezas, el afán y la ansiedad, etc.

Hay ciertas cosas que podemos ver en ese pasaje bíblico y que sería importante mencionarlas antes de comenzar a desglosar detalladamente las artimañas de Satanás.

El Señor nos enseña que debemos tener disciplina en nuestra vida. Apoya la práctica del ayuno pero en forma correcta, cuando es realizado con un corazón sencillo y para agradar a Dios.

Al examinar la expresión «cuando ayunéis» nos hace referencia a que el ayuno era una disciplina espiritual muy practicada en los tiempos bíblicos, así como la oración o cualquier otra. Esta podría ser utilizada para denotar por ejemplo la oración si se usara la expresión «cuando oréis».

Pero también en este pasaje podemos encontrar tres engaños que Satanás utiliza para desviar el propósito de la práctica del ayuno delante del Señor y que Él mismo nos alerta. Estos tienen vigencia pues tienen relación directa con la conducta humana.

a) Primer engaño: Tratar de comprar u obtener un beneficio de Dios a través del ayuno.
Mateo 6.16 nos dice: «Cuando ayunéis, no seáis austeros, como los *hipócritas*». Esta última palabra denota que el Señor ve nuestras intenciones cuando realizamos algo que decimos que es para glorificarle a Él.

Algunos creyentes que no tienen claro cual es el propósito del ayuno tratan de que Dios sea indulgente con ellos por el mero hecho de que están ayunando. Esta actitud del corazón convierte un acto de comunión en una penitencia. Estas personas tratan de mover el corazón de Dios a su favor por el «sufrimiento» que están pasando, por el gran sacrificio que están realizando.

Estas penitencias no mueven el corazón de Dios, porque el verdadero sacrificio ya lo hizo su amado Hijo en la cruz del Calvario y ese es el único valedero. Lo que sí mueve el corazón de Dios durante el ayuno es cuando vamos a su presencia sin una «segunda intensión» es decir, con un corazón de gratitud hacia Él por su gran amor hacia nosotros; cuando entregamos verdaderamente nuestro ser en adoración a Él sin pedir nada a cambio.

b) Segundo engaño: Que creamos que somos un modelo de espiritualidad.
El ayuno puede ser utilizado para tener una gran comunión con el Señor o para manipular a las demás personas que nos rodean. Parece fuerte esta afirmación pero con ese fin lo practicaban los fariseos en los tiempos bíblicos y se ve aún en nuestros tiempos pues es una actitud errada del corazón.

Mateo 6.18 dice: «Para no mostrar a los hombres que ayunas, sino a tu padre que está en secreto». Esto nos enseña que no tenemos que alardear porque ayunamos. No tenemos que promocionarnos como grandes hombres de Dios por el simple hecho de que ayunamos cuarenta días.

Lamentablemente, todos hemos visto casos de personas que por haberlo realizado ya se comparan a Moisés, Elías o a los grandes patriarcas. Cuando esto sucede el ayuno pierde toda su esencia ya que el que tiene tal actitud muestra orgullo espiritual y eso es soberbia. ¿Es esto agradable a los ojos de Dios? La Palabra en Santiago 4.6 nos da la respuesta: «Dios resiste a los soberbios, y da gracia a los humildes». Estas personas se engañan a sí mismas, y quizás a otras que los idolatran, pero pasado un tiempo estas se dan cuenta que todos tenemos «pies de barro», o sea, que todos necesitamos de la gracia y ayuda de Dios. Que no existen los «héroes espirituales» y por eso no podemos crear «élites» de ayunadores.

c) Tercer engaño: Creer que la santidad depende de las apariencias externas.

La Palabra en Mateo 6.16 dice: «Ellos demudan sus rostros para mostrar a los hombres que ayunan». Se refería a los fariseos los cuales ponían caras con expresión de sufrimiento para mostrar que eran santos y piadosos. Pero no eran más que puras apariencias pues con sus actos demostraban lo contrario.

Los fariseos ayunaban dos veces por semana cuando había mercado. Lo hacían en la presencia de todos para mostrar una apariencia falsa de santidad. El rostro puede mostrar lo que hay en el alma de una persona, y en el creyente lo que Dios ha hecho en su corazón.

Que hermoso es cuando hay congruencia entre estas dos cosas: lo que ocurre en nuestra alma sea expresado coherentemente por el rostro. Que sean una misma cosa, lo visible (el rostro) y lo invisible (el alma) en perfecta integración. Por eso el Señor nos llama a la verdadera transformación del corazón para que le dé sustancia a nuestras prácticas doctrinales y sean una genuina adoración al Señor.

El ayuno es un instrumento que nos permite revisar nuestra conducta delante del Señor, ver si hay santidad en ella. Por eso, el ayuno tiene validez cuando se apoya en las sinceras y reales intenciones de un corazón transformado por Dios. Ahora me gustaría revisar algunas artimañas que Satanás utiliza para evitar que los creyentes ayunen. Primero que todo quisiera decir que Satanás no pierde el tiempo en atacar algo que no tiene ningún valor.

Es asombroso conocer que uno de los grupos que más practican el ayuno son precisamente los satánicos. ¿Por qué? Quizás la respuesta pudiera ser porque el ayuno encierra en sí mismo una dimensión de poder espiritual.

La porción contenida en 1 Reyes 2.9-10 nos sirve para ilustrar esto mejor. «Y las cartas que escribió decían así: *Proclamad ayuno*, y poned a Nabot delante del pueblo; y poned a dos hombres perversos delante de él, que atestigüen contra él y digan: Tu has blasfemado a Dios y al rey. Y entonces sacadlo, y apedreadlo para que muera» (énfasis añadido).

Se trataba de Jezabel, esposa del rey Acab, quien había determinado matar a Nabot para que luego su esposo tomara la viña de este último que no le había querido vender. Como podemos observar, para que la mentira que se iba a decir en contra de Nabot surtiera efecto en el pueblo, tenía que moverse una dimensión de poder espiritual y por ello proclamaron *ayuno*.

Esto no nos debe asombrar pues conocemos que en la actualidad los grupos satánicos ayunan para que los pastores y ministros cristianos caigan en pecado o mermen en su vida espiritual. En el sentido de poder y autoridad recordemos como Mahatma Ghandi pudo controlar a millones de personas en la India que luchaban frenéticamente entre sí. ¿Cómo lo hizo? El ayuno político, o sea, la huelga de hambre fue el medio que utilizó.

Teniendo esto como introducción, pasemos a ver tres de las mentiras más frecuentes que Satanás proclama en contra del ayuno para evitar que los creyentes lo practiquen.

1. El ayuno es un sacrificio y estamos en el tiempo de la gracia por lo tanto, no tiene validez.

Ciertamente la connotación del ayuno en el Antiguo Testamento era la de sacrificio, por ello encontramos expresiones como «afligir» la cual se usaba como sinónimo de ayuno. Un ejemplo de esto lo podemos ver en Daniel 10.2: «En aquellos días yo Daniel estuve afligido por espacio de tres semanas».

Esto hacía referencia al ayuno parcial que tuvo Daniel por ese período de tiempo para interceder por el pueblo de Israel que se encontraba cautivo en Babilonia. Esto se debía a que en las ocasiones en que el pueblo de Israel ayunaba era con relación a hechos de calamidad que involucraban a toda la nación como por ejemplo el día del Purim que recuerda el acto valeroso de la reina Ester cuando arriesgó su vida para interceder a favor del pueblo de Israel.

Pero, ¿qué sucede en el Nuevo Testamento? Mateo 6.17 dice: «Pero tú, cuando ayunes, unge tu cabeza y lava tu rostro». Aquí podemos ver que la connotación de sacrificio del Antiguo Testamento fue quitada por el Señor Jesús y le dio una nueva: la de comunión y gozo. Ungir la cabeza y lavar el rostro connotaba arreglarse, cuidarse, mostrarse en su mejor apariencia similar a cuando se iba a celebrar una ocasión especial. Era lo contrario a lo que los fariseos hacían para mostrar un aspecto de sacrificio. Ahora en el tiempo de la gracia ayunamos no por sacrificio sino por gratitud al Señor, como un profundo acto de adoración a Él con todo nuestro ser.

2. Es dañino para la salud el ayunar.

En el capítulo dedicado al ayuno terapéutico presentaré informes médicos que indican todo lo contrario, esto es, que el ayuno aumenta la efectividad de nuestro sistema inmunológico lo cual redunda en una menor incidencia de enfermedades.

3. El ayuno es un acto de religiosidad.

Como vimos en Mateo 6, los fariseos ayunaban como un acto de religiosidad para ser vistos por los hombres. El Señor nos alerta con respecto a esta actitud. ¿Cuándo se convierte el ayuno en religiosidad? Cuando el propósito del corazón es errado.

La diferencia entre un acto religioso o externo y un tiempo de comunión sincera con el Señor radica en cuál es la intención que nos motiva realmente a ayunar. Si está centrado en nosotros será un acto religioso y si lo está en el Señor Jesús será un profundo acto de adoración.

Esto es cierto no solo con relación al ayuno sino en todas las cosas que hagamos. Podemos orar sin poner el corazón en ello. Se puede venir a la iglesia pero no a Cristo Jesús. El corazón del hombre siempre será el que le dará un sentido o el otro. Si el corazón del hombre ha sido genuinamente transformado por Dios eso le dará un correcto sentido a todo lo que haga, además tendrá al Espíritu Santo que le guiará a toda verdad.

EL AYUNO COMO ARMA ESPIRITUAL

En el mundo espiritual del Reino de Dios existen armas en ese mismo orden que el Señor nos ha dado para luchar en contra de los ataques del enemigo.

Unas son más usadas que otras quizás por ser más conocidas. Hay circunstancias muy duras en las que se requieren usar varias armas a la vez para poder quebrantar las opresiones del maligno.

En 2 Corintios 10.4 leemos: «Porque las armas de nuestra milicia no son carnales, sino poderosas en Dios para la destrucción de *fortalezas*» (énfasis añadido). Es interesante observar en este pasaje bíblico que el apóstol Pablo compara al pueblo de Dios con un ejército equipado para la batalla.

Todos los ejércitos de los diferentes países son entrenados para saber utilizar armas y así defender su territorio. También se les adiestra en el conocimiento de ciertas tácticas militares para ser más efectivos en la batalla.

De la misma manera, el Señor nos ha dado armas que «no son carnales» sino espirituales. ¿Por qué? Efesios 6.12 nos lo dice: «Porque no tenemos lucha contra carne ni sangre», haciendo alusión a los elementos que constituyen a un ser humano en un plano físico. Luego añade: «sino contra principados, contra potestades, contra los gobernadores de las tinieblas de este siglo, contra huestes espirituales de maldad en las regiones celestes», haciendo clara alusión a entes espirituales.

Desde este punto de vista esto indicaría que nuestros enemigos no son los políticos corruptos, los delincuentes, los que hacen actos de violencia o perversión, sino las potestades espirituales que influyen (y en algunos casos hasta gobiernan) sus mentes.

La naturaleza de Satanás y sus huestes de maldad son espirituales, por lo tanto, cualquier arma forjada contra ellos tiene que ser del mismo nivel. Eso es lo que el apóstol Pablo trata de darnos a entender en los pasajes anteriores.

De la misma manera el enemigo pone alrededor del creyente fortalezas espirituales las cuales son barreras u opresiones en alguna área de su vida, con la finalidad de impedir la fluidez de la manifestación de la gracia de Dios en la vida de la persona.

Una fortaleza es todo aquello que se levanta con altivez en contra de la Palabra de Dios. Por ejemplo, una creencia cultural, un pensamiento, una falsa doctrina, el temor, el resentimiento, etc.

Edgardo Silvoso, presidente de Evangelismo de Cosecha, define una fortaleza como: «Una mentalidad impregnada de desesperanza» que hace que el creyente acepte las circunstancias que lo oprimen como si no pudieran ser cambiadas, yendo en contra de la Palabra de Dios.

Una arma es un instrumento ofensivo o defensivo que se utiliza para luchar en contra de alguien. De la misma manera se puede utilizar las armas espirituales para quebrantar las fortalezas que Satanás ha puesto alrededor del creyente. El ayuno es una de esas armas.

¿Cómo actúa el ayuno para introducirnos a una dimensión espiritual?

En un orden natural toda persona ingiere alimentos para mantener su cuerpo con los nutrientes que se requieren para formar y regenerar los tejidos del mismo. Nuestro cuerpo se encarga de enviar las señales correspondientes para indicar las necesidades básicas (no solo de alimentos) que tienen que ser satisfechas.

¿Qué sucede cuando ayunamos? La necesidad básica de alimentación sigue existiendo, por lo cual el cuerpo va a realizar adaptaciones especiales para utilizar las reservas energéticas como las grasas, proteínas, carbohidratos y otros combustibles circulantes en la sangre para satisfacer esa necesidad.

Pero en el plano espiritual, ¿qué sucede? Se sujetan los otros deseos de nuestro cuerpo para dejar fluir ahora los deseos de nuestro espíritu, lo cual nos hace pasar de una dimensión natural o física a otra espiritual.

Los deseos del espíritu son buscar las cosas espirituales de Dios, pero los de la carne son buscar las cosas de este mundo. «Digo, pues: andad en el espíritu, y no satisfagáis los deseos de la carne. Porque el deseo de la carne es contra el Espíritu, y el del Espíritu es contra la carne; y estos se oponen entre sí, para que no hagáis lo que quisiereis» (Gálatas 5.16,17).

Una vez introducidos en esta dimensión, el Espíritu Santo muestra la realidad en que vive el creyente. El ayuno sirve en este caso como un espejo utilizado por el Espíritu Santo donde se refleja en que condiciones está el alma del creyente. Muestra las áreas que se encuentran oprimidas por fortalezas espirituales las cuales necesitan ser liberadas.

El Señor Jesús desea ver libre a su pueblo porque para ello derramó su sangre en la cruz del Calvario. Juan 8.36 enfatiza: «Si el Hijo os libertare, seréis verdaderamente libres». Entonces una vez que nos muestra cuáles áreas se encuentran oprimidas, nos guía a utilizar el ayuno como un arma espiritual.

Dios nos ha llamado a tomar autoridad sobre lo que el maligno ha usurpado y que nos pertenece por herencia a nosotros.

Dos espíritus a derrotar

Dos espíritus inmundos que siempre han operado sobre esta tierra son los de seducción e intimidación. Pero hoy en día están en operación con resurgida intensidad.

Seducción

Es quedar bajo la influencia de alguien (o de algo) para realizar lo prohibido. Este espíritu inmundo atrae a los creyentes a que acepten las cosas de este mundo, que las deseen para mantenerlos atrapados sin autoridad sobre su vida.

En la actualidad, observamos que la línea que separa lo divino y lo pagano se reduce cada día más hasta convertirse, en algunos casos, en algo simbólico.

Estamos presenciando como el cristianismo se ha convertido en una subcultura pues los creyentes buscan lo mismo que el mundo busca, desean lo mismo que el mundo desea, quieren ver lo mismo que el mundo ve, etc. Ahora muchos cristianos se parecen tanto a la gente del mundo que la única diferencia es que asisten los domingos a sus congregaciones, pero no hay frutos de santidad en sus vidas. No hay la pasión para rechazar el pecado. Aún la palabra pecado no se escucha mucho en la actualidad, se la ha sustituido por la palabra falta o error.

El modelo homosexual ha alcanzado a la iglesia liderada por gentes con las mentes cauterizadas que ignoran lo que dicen las Escrituras en su contexto general.

Se está olvidando lo que el Señor Jesús expresó de su pueblo: «Están en el mundo más no son de este mundo».

Hoy en día todos quieren ser famosos, exitosos como lo dictan los parámetros del mundo, pero no desean servir. Muchos tienen éxito, pero no propósitos en Dios lo que solamente les proporciona una vida vacía. ¡Nuestra vida está escondida en Cristo!

Por esta razón el Señor está levantando a muchos creyentes genuinos en este tiempo para que sirvan de inspiración y de modelo a otros al ver su consagración y santidad. Es una generación nueva con pasión por el Señor y su obra.

A través del ayuno y la oración Dios abre nuestros sentidos espirituales para que podamos percibir lo que por mucho tiempo no éramos capaces de visualizar con claridad.

Intimidación

Satanás es padre de mentiras, pero también afianza su poderío en la intimidación como parte de su naturaleza fraudulenta. A través de la mentira el maligno profesa que él es poderoso y tiene control sobre las personas, familias o ciudades. Él las oprime pero no es el dueño de ellas.

La intimidación consiste en causar o infundir miedo. El maligno ha usado esta arma en todas las épocas de la historia humana pero en los momentos actuales ha acentuado su uso a través de espíritus que han sido asignados para ello. Muchos cristianos tienen miedo de tomar su lugar en el Reino del Señor por temor a las represalias. Otros no oran ni ayunan porque tienen el temor de que las situaciones se empeoren.

El maligno utiliza mensajes como «tu familia nunca cambiará», «nunca prosperarás», «siempre estarás solo», «estás débil y enfermo», «Dios usa a otros pero no a ti». A través de ellos mantiene frustrados y paralizados emocionalmente a millones de personas.

Hay muchos ministros intimidados por el maligno para que no se atrevan a realizar lo que el Señor les asignó. Provoca grandes presiones para desanimarlos y cada vez que ellos desean emprender lo nuevo vienen problemas financieros, familiares o ministeriales que los hacen retroceder.

¡Se escuchan muchas voces de intimidación en el mundo de hoy que proclaman que la Iglesia está bajo ataque pero «las puertas del hades no prevalecerán sobre la Iglesia»! ¡No está vencida! ¡Nos levantaremos a tomar lo que nos pertenece!

¿Cómo funciona el ayuno como arma espiritual?

1. Durante un ayuno el Espíritu Santo muestra las artimañas que el enemigo ha usado para oprimir al creyente y las estrategias a seguir para romperlas. Dios en su omnisciencia conoce como puede ayudarnos eficazmente.

2. El ayuno permite concentrar toda la fuerza del ser humano y unirla con las del Espíritu Santo de Dios en una sola para quebrantar en dura lucha los poderes demoniacos que atan a una persona, familia o nación. Este es el tiempo propicio para proclamar la palabra en fe bajo el poder del acuerdo.

Esta situación la vivió el profeta Daniel en Babilonia cuando tuvo que establecer una férrea lucha espiritual contra las potestades que mantenían en cautiverio al pueblo de Israel. Para ello declaró ayuno por veintiún días: «No comí manjar delicado, ni entró en mi boca carne ni vino, ni me ungí con ungüento, hasta que se cumplieron las tres semanas» (Daniel 10.3).

Luego podemos ver en los versículos 12 y 13 que se estableció en los cielos una guerra espiritual entre las huestes de Dios y los demonios de Satanás. Entonces me dijo: «Daniel, no temas; porque desde el primer día que dispusiste tu corazón a entender y a humillarte en la presencia de tu Dios, fueron oídas tus palabras; y a causa de tus palabras yo he venido. Mas el príncipe del reino de Persia se me opuso durante veintiún días». Al ayunar, las huestes de Dios se unen a los creyentes para ayudarlos a romper las fortalezas espirituales que el maligno ha puesto alrededor de ellos.

3. Multiplica varias veces la intensidad de la oración. Es así como nuestra oración diaria se convierte en una oración de poder, que rompe opresiones, durante un tiempo de ayuno sin que importe la variedad de este último.

EL AYUNO: INSTRUMENTO DE SANIDAD Y RESTAURACIÓN

A través de los años he observado que el ayuno es usado por Dios como un instrumento de sanidad y restauración en el creyente, lo cual repercute en cambios de actitud de este hacia su prójimo y su entorno social y cultural que le rodea.

Sanidad

La sanidad se puede dar instantáneamente como una intervención soberana del Señor por amor hacia una persona que le busca con sinceridad. «Él es galardonador del que le busca». Pero también puede ser un proceso progresivo. Usualmente en los retiros de ayuno y oración presenciamos la acción de sanidad del Señor. Su misericordia y gracia sobre un grupo de personas que buscan su rostro es un acto frecuente que hemos presenciado en muchas naciones.

La palabra sanidad denota el concepto de que una persona posee un estado de perfecta salud. También proporciona la idea de integridad en la calidad de vida de una persona. Por muchas razones se puede perder esta calidad de vida y el Señor en su misericordia interviene para restablecerlo. La sanidad puede ser en los planos físicos, emocional, relacional y sociocultural.

Son miles las personas que he observado llegar a los retiros de ayuno y oración las cuales traen consigo muchas heridas en su vida. Pero también he visto como salen victoriosas después del trato personal que el Señor tiene para con ellas durante los días que permanecen ayunando.

El término restauración da la idea de «volver algo a lo original» y por eso generalmente es un proceso a mediano o largo plazo y no algo inmediato.

Después que alguien recibe sanidad en un área de su vida generalmente se abre una nueva dimensión para iniciar el restablecimiento de principios que se habían perdido, y de recuperar un nivel de vida digno. Relaciones dañadas ahora comienzan a restablecerse por ponerse nuevas bases a las mismas. Esto se aplica en todas las áreas como sociocultural, familiar, financiera, emocional, relacional, etc.

La sanidad por intervención divina es algo inmediato o a corto plazo mientras que la restauración conlleva un proceso que requiere un tiempo mayor.

Usualmente en este proceso de restauración el Señor utiliza a personas o situaciones que facilitan este proceso. El instrumento usado por Dios para restaurar la vida de otros acompaña al menesteroso en este proceso siendo consejero y mentor. Le acompaña en sus momentos difíciles, etc.

Física

Hablamos de sanidad física cuando Dios interviene para corregir una malformación, un trastorno funcional de un órgano o la lesión de una parte del cuerpo humano.

Recuerdo la vivencia de uno de los casos más intensos en estos años. Una joven de veinticinco años llamada Ana (nombre ficticio) acudió a mi oficina para pedirme que le permitiera asistir a un retiro de ayuno y oración que se celebraría en las próximas dos semanas.

Cuando vi las condiciones físicas en las cuales se encontraba pensé si esta joven realmente sabía lo que estaba pidiendo. Estaba con un aparato ortopédico con el cual se ayudaba para poder caminar arrastrando sus pies, ingería altas dosis de analgésicos para controlar un poco los dolores óseos que le martirizaban de día y de noche.

Padecía de una enfermedad conocida como síndrome de Cushing el cual presenta entre varias cosas ovarios poliquíticos, menopausia precoz, osteoporosis (descalcificación de los huesos), vellosidades en su cara, y obesidad favorecida por la ingestión de altas dosis de esteroides.

Además, Ana presentaba una severa descalcificación en su cadera por lo cual le iban a transplantar una cadera artificial en las próximas semanas. Esto hacía que ella permaneciera por tiempos prolongados de hasta meses en cama soportando dolores intensos.

Bajo este cuadro patético y en su lecho de enferma, Ana clamó al Señor para que le diera un sentido real a su vida. A su temprana edad estaba como un desecho humano en sus áreas física y emocional. Ella se negaba a aceptar que así sería el resto de su vida futura, existiendo un Dios poderoso y misericordioso al cual ella podía clamar.

La respuesta del Señor Jesús fue «ayuna tres días tomando solamente agua, sin medicamentos, porque te voy a sanar, voy a hacer algo nuevo en ti». Esta respuesta del Señor sorprendió grandemente a Ana pero también la llenó de gozo y esperanza. Ella le pidió al Señor que le confirmara su respuesta entendiendo que necesitaba estar segura del paso de fe que debía dar. El

Señor utilizó a varias personas para confirmárselo, incluyendo a su madre, las cuales le leyeron porciones de la Palabra que reafirmaban lo que el Señor le había dicho.

Ana deseaba ayunar pero no tenía ningún conocimiento de cómo hacerlo y aun más en sus condiciones físicas. En ese tiempo recibió un boletín de una iglesia que anunciaba el próximo retiro de ayuno y oración que realizaríamos en Misiones Valle de la Decisión en ese país. Ella se alegró mucho al saber que los directores (mi esposa y yo) además de ministros éramos médicos y por ello acudió a mi oficina para inscribirse para el mismo.

Como médico sabía que no estaba en condiciones de desplazarse por períodos largos de tiempo, de dejar de ingerir los medicamentos que por años estaba ingiriendo, de correr el riesgo de caerse y fracturarse mientras estaba en el campamento ubicado en una zona montañosa. Le iba a decir que no, pero al ver en sus ojos la valentía y fe en el Señor le dije que oraría y que si el Señor me mostraba que debía asistir al ayuno y bajo qué condiciones específicas, le avisaría.

Durante una semana oré al Señor pues sabía la inmensa responsabilidad que tenía si Ana asistía al ayuno en esas condiciones, pero también sentía la responsabilidad como ministro de conocer la voluntad de Dios para ella. Al final de la semana, mientras estaba en mi oficina, el Señor me dijo suavemente:

—Deja que Ana asista al ayuno, pues voy a sanarla, voy a hacer algo nuevo en ella.

Respondí:

—¡Señor, tomando solamente agua los tres días y sin medicamentos!

El Señor me dijo: —Sí, así es.

Les confieso que hubo una mezcla de sentimientos en mi ser. Por una parte sentía gozo por saber que el Señor haría un milagro de sanidad en Ana. Pero también sentía una gran expectativa y tensión por lo que significaba «caminar sobre las aguas» en este caso.

¡Llegó el retiro de ayuno y oración! Todos los demás ayunadores escucharon su testimonio de por qué había acudido al ayuno en el momento en que ella se presentaba y decía a qué iglesia pertenecía. Todos la animaron a creer en el milagro del Señor en su vida. ¡La atmósfera se llenó de una sensación especial que anunciaba que en cualquier momento ocurriría un milagro! El primer día Ana soportó increíblemente los dolores físicos confiando en el Señor. Intervenía en los tiempos de alabanza y adoración, en los de oración, en los tiempos de estudio de la Palabra, de testimonios, etc. Ese primer día el Espíritu Santo la llevó al quebrantamiento mostrando áreas emocionales, familiares y personales que debían ser sanadas. Le ministramos en esas áreas y la llevamos a descansar a su cabaña.

Durante toda la noche no pudo dormir por los incómodos dolores físicos, pero ella había creído a la Palabra que el Señor le había dado y resistió con valentía a Satanás que le decía: «No te sanarás nunca».

El segundo día de ayuno ella continuó alabando al Señor mientras Él continuaba quebrantando su corazón y limpiando su ser. La llevó a perdonar a personas que le hicieron daño en el pasado y que se burlaron de ella por su condición física.

Quizás el Señor estaba haciendo con ella lo que dijo al pueblo de Israel en Josué 3.5: «Santificaos, porque Jehová hará mañana maravillas entre vosotros».

Durante la noche tuvimos un derramamiento de la presencia del Señor lo cual nos llevó a permanecer horas en adoración y oración ante Él. El ambiente estaba preparado y todos nos retiramos a descansar ya entrada la madrugada pero con la sensación de una gran emoción en el corazón.

¡Finalmente llegó el momento esperado por todos! Al tercer día, durante un momento sublime de adoración al Señor con nuestros músicos y el resto de los ayunadores, vino a mi corazón la palabra del Señor: «Ahora es el tiempo, dile que se levante de su asiento y pase al frente, pon tus manos sobre ella y ordena en mi nombre que sea sana». Sentía que mi corazón latía fuertemente de gozo y al pedirle que pasara al frente todos los demás ayunadores fijaron sus ojos sobre ella y comenzaron a orar apoyándome. El Espíritu Santo estaba en control de la situación, su presencia inundaba el lugar, su amor nos cobijaba.

¡Al imponer mis manos sobre su cabeza e invocar la palabra de sanidad, de que un milagro creativo fuera echo en su cuerpo en el nombre de Jesús, ¡se desató el poder de Dios sobre Ana! Ella se desplomó en el piso donde permaneció por mucho tiempo mientras nosotros adorábamos a Dios y le dábamos gracias a Él. ¡Sabíamos que algo había ocurrido! ¡Un milagro! ¡De repente, Ana abrió sus ojos que brillaban de gozo, y se levantó con sus propios pies sin los aparatos ortopédicos! ¡Todos alabamos al Señor ante su milagro!

Es interesante observar que el Señor primero trató sus áreas emocionales, personales y familiares antes de tratar el área física.

En la actualidad se ha confirmado desde el punto de vista médico la sanidad de Ana, su cadera fue restablecida totalmente por el Señor por lo que no hizo falta la implantación de una artificial. Los niveles hormonales en la sangre se han normalizado, las vellosidades en su rostro han desaparecido y trabaja para ganar su sustento.

Al ver una muestra tan grande del amor del Señor hacia una persona, me motiva a continuar realizando estos retiros de ayuno y oración junto con mi equipo en las diferentes naciones para que sean utilizados por Dios como instrumento de sanidad para aquellos que necesitan un trato especial de Él hacia su vida.

Esto es lo que expresa claramente Lucas 4.18,19: «El Espíritu del Señor está sobre mí, por cuanto me ha ungido para dar buenas nuevas a los pobres; me ha enviado a sanar a los quebrantados de corazón; a pregonar libertad a los cautivos, y vista a los ciegos; a poner en libertad a los oprimidos; a predicar el año agradable del Señor».

Emocional

Para los años que vienen, el Señor va a necesitar vasos limpios para usarlos como instrumentos para sanar a personas heridas. Pero primero deben pasar ellos mismos por un proceso de sanidad, pues «un ciego no guía a otro ciego». El Señor está sanando las más profundas heridas en millones de personas quienes van a ser usados en los tiempos actuales como instrumentos modelos para otros.

Nuestros impedimentos, debido a traumas del pasado, se convierten en impedimentos del Espíritu Santo para fluir en nosotros con libertad y en la dimensión que Él desea. Sin embargo, las experiencias difíciles del pasado una vez sanadas se pueden convertir en la base del ministerio del presente, pues estas proporcionan una sensibilidad especial hacia una nueva realidad que antes no conocíamos.

Desde 1986 he observado como el Señor Jesús trata en forma especial con las heridas emocionales de las personas durante los retiros de ayuno y oración.

Realmente el ayuno se convierte en un instrumento de sanidad en las manos de Dios, pues durante este el Espíritu Santo muestra la condición real de nuestra vida. El ayuno se convierte así como un espejo del alma donde se reflejan las circunstancias y experiencias pasadas para ser tratadas por el médico divino.

Relación interpersonal

Se refiere a la sanidad de las relaciones interpersonales de un creyente con sus prójimos. En esta dirección el ayuno permite revisar la conducta del creyente hacia los demás y hacia sí mismo con la finalidad de enmendar lo dañado.

En Isaías 58.6 leemos: «No es más bien el ayuno que yo escogí, desatar las ligaduras de impiedad, soltar las cargas de opresión, y dejar ir libres a los quebrantados, y que rompáis todo yugo?» Dios llama a reflexión para que exista una verdadera transformación del corazón, un genuino cambio de actitud hacia nuestro prójimo que le dé sustancia a nuestras prácticas doctrinales. Se puede ayunar, orar, alabar o asistir a la iglesia pero todo ello se puede convertir en aisladas prácticas religiosas si no van acompañadas por un genuino interés de bendecir al prójimo.

Para ello es necesario que Dios produzca un impacto en la vida del creyente a través de tiempos especiales de comunión con Él que cambien su existencia.

El ayuno y la oración propician las condiciones adecuadas para esto pues permiten escudriñar los motivos del corazón con sinceridad.

El ayuno que Dios escogió lleva implícito en sí mismo un proceso de restauración, de «soltar las cargas de opresión, y dejar ir libres los quebrantados, y que rompáis todo yugo» (Isaías 58.6).

Durante el ayuno el Espíritu Santo guía a los creyentes a ser sanados de sus quebrantos espirituales, emocionales, morales o sociales para que luego ayuden a otros a sanarse también. A desatarlos de los yugos de injusticia, miseria u opresión diabólicas bajo las cuales viven. Abstenerse de deseos egoístas centrados en sí mismos para que puedan ayudar al prójimo. Utilizar tiempo y enfocar sus fuerzas para ayudar a alguien más necesitado. Al ayunar por otra persona, con la finalidad de que el Señor la restaure, eso podrá bendecir la vida del creyente al introducirlo a una nueva dimensión: la consolación.

En Isaías 58.7 leemos: «¿No es que partas tu pan con el hambriento, y a los pobres errantes albergues en casa; que cuando veas al desnudo, lo cubras, y no te escondas de tu hermano?» En esta porción el Señor continúa reafirmando la importancia de mostrar un genuino cambio de actitud hacia el prójimo.

Alegrarse al bendecir a los demás y gozarse al ver la generosidad del Señor sobre ellos.

Isaías 58.9 dice: «Entonces invocarás, y te oirá Jehová; clamarás, y dirá él: Heme aquí. Si quitares de en medio de ti el yugo, el dedo amenazador, y el hablar vanidad». Aquí el Señor muestra que al haber un cambio en la manera de pensar y hablar hacia los demás, al no juzgarlos, Dios escuchará más rápidamente el clamor del creyente. Pero si es cierto que durante el ayuno el Señor pide que revisemos la conducta para con los demás, también lo es el hecho de que Dios desea que revisemos la nuestra.

Hay creyentes a los que les beneficiaría permanecer quietos y en silencio ante la presencia de Dios para poder escuchar lo que realmente hay en su mente y corazón. Estar en reposo para permitirle al Señor que les hable y oriente su vida en la correcta dirección.

Algunos creyentes han permanecido por años en círculos que no funcionan en el área emocional los cuales están constituidos por relaciones interpersonales destructivas o dañinas. Estos necesitan irse a solas con Dios. Esos momentos pueden ser terapéuticos y restauradores emocionalmente. Dios los puede guiar y fortalecer para romper con ese círculo vicioso que está destruyendo su vida al pedirle al Señor que intervenga.

Social y cultural

Muchas veces se pueden estar realizando cosas que se consideran «normales» o «buenas» de acuerdo a costumbres culturales pero que están alejadas de toda verdad bíblica. Entonces el hombre trata de justificar sus malas actitudes, basadas en los motivos errados de su corazón, pero Dios no puede ser burlado en su omnisciencia.

Durante la realización de un ayuno el Espíritu Santo enfoca la realidad en la cual vive el creyente y los principios que sustentan la misma. Por eso nos puede guiar a alinear nuestra vida no bajo patrones culturales o sociales sino de acuerdo a principios universales de su palabra.

Quizás debamos «ayunar», o sea abstenernos de ciertas actividades o cosas de las cuales estamos muy dependientes como la comodidad, el automóvil, el lujo o los alimentos. El ayuno nos permite percibir cuán dependientes estamos de ellos y lo que realmente representan para nosotros. Tal vez representen seguridad, autogratificación para llenar un vacío afectivo, búsqueda de aceptación u otras cosas. Tal vez se hayan convertido en una atadura al ocupar gran parte de la vida del creyente y evitar la comunión con Dios.

Finalmente podemos leer en Isaías 58.12 el propósito que Dios persigue al desear que se practique el ayuno en su correcta dimensión. «Y seréis llamado reparador de portillos, restaurador de calzadas para habitar».

¡DESPERTEMOS AL GIGANTE DORMIDO!

«Proclamad esto entre las naciones, proclamad guerra, despertad a los valientes, acérquense, vengan todos los hombres de guerra» (Joel 3.9).

En 1986, el Señor me mostró esta porción de la palabra como parte de la escritura base de Misiones Valle de la Decisión. En la misma está inmerso su llamado para despertar a su pueblo de un letargo espiritual en el cual ha estado por largo tiempo.

La iglesia moderna ha permanecido como un gigante dormido, contaminada con los deseos del mundo en una época donde los deseos de la carne luchan abiertamente contra los del Espíritu. Una época donde los deseos vanos y superficiales han pasado a ser más importantes que la vida en la plenitud del Espíritu. La Iglesia se ha conformado con entretener a sus miembros con la religión en vez de impactar a través de su relación con el Dios vivo. Sabe muy poco acerca de las disciplinas espirituales y de vivir la vida llena del Espíritu.

Los parámetros del mundo son los que la Iglesia está usando para medir su acción en la sociedad en un afán desenfrenado por tener éxito pero no propósito. Confundimos muchas veces obra social y buenos servicios dominicales con avivamiento.

La Iglesia se ha dormido olvidando la práctica de la disciplina espiritual del ayuno, una de las más importantes para el avivamiento, pues nos lleva a la autohumillación y nos pone en la disposición de ser impactados y ungidos por Dios para realizar la obra en forma más eficiente.

¡Para que exista un avivamiento primero tiene que haber un despertamiento! Paralelamente a lo que está aconteciendo en el mundo el Señor está produciendo un despertamiento espiritual en millones de personas a través de su llamado al ayuno y la oración.

El Señor está despertando a sus valientes para que le busquen y tengan un encuentro profundo y transformador con Él pues estamos en tiempos de decisión. Al acudir a este encuentro traerá como beneficios inmediatos sanidad, restauración y avivamiento en nuestra vida. Es difícil que un creyente no experimente mejoría en la calidad de su vida espiritual si ayuna y ora con motivos sinceros de su corazón.

Necesitamos encontrarnos nuevamente con Dios, no con una religión, para que se produzcan cambios notorios en nuestra vida. El Señor desea encontrarse con nosotros de maneras sobrenaturales y transformadoras y por eso nos está llamando a tiempos de decisión en ayuno y oración.

El Señor está listo para enviar el más grande avivamiento jamás visto en la historia de la humanidad, y por eso está mostrando a su pueblo lo que va a ocurrir para que se vuelva a Él en ayuno y oración.

Cuando millones de creyentes acudamos a este encuentro transformador con Dios y lo busquemos con todo su corazón en ayuno y oración, Él intervendrá a favor de nuestras familias, congregaciones, ciudades y naciones.

Hay que prepararse para la cosecha y por eso tenemos que buscar, hoy más que nunca, la dirección de Dios a fin de conocer la forma más eficaz por la que podemos convertirnos en canales del avivamiento que se avecina en los próximos años.

Hoy el Señor está tocando el alma de millones de personas de entre su pueblo a través de su Espíritu que vive en cada uno de ellos para que ayunen y oren. Dios está produciendo el deseo de ayunar y orar en multitudes de personas a través de señales divinas acordes con su palabra pues esto preparará el camino a la evangelización mundial y al cumplimiento de la gran comisión.

No se puede cumplir la gran comisión sin tener un compromiso sincero hacia las almas perdidas. El ayuno y la oración propician la atmósfera espiritual correcta para lograrlo.

No podemos producir el avivamiento pues es una obra soberana de Dios. Pero si podemos intervenir para que en respuesta a nuestra oración sincera y eficaz el Señor lo envíe. Si esta oración la intensificamos con el ayuno, la respuesta vendrá más pronto.

Necesitamos orar al Señor para que ponga su pasión en nosotros de traer a los perdidos a Cristo, porque el avivamiento solo se puede observar cuando las multitudes se vuelven a Él. Nuestra meta es ser vasos limpios para poder orar efectivamente a favor de los que no conocen a Cristo. Hay una calidad de vida que solo se puede experimentar con el ayuno. Si descubrimos el poder del ayuno y su relación con una vida santa, la oración a favor de aquellos que no le conocen se intensificará y nuestros frutos y conductas serán diferentes.

La disciplina del ayuno y la oración nos capacitará a todos para ser más eficaces para nuestro Señor de lo que realmente hemos sido en el pasado. Necesitamos que algo ocurra en este momento histórico de la humanidad.

El Señor me ha llamado para motivar a millones de personas a practicar el ayuno y la oración pero su Espíritu Santo es quien les puede llevar a la convicción y necesidad de hacerlo. ¡Oremos para que el gigante dormido se despierte!

AYUNO: FACTOR DE CRECIMIENTO Y MULTIPLICACIÓN

Definición de factor: Según el Diccionario Léxico Hispano es «cada una de las cantidades que se multiplican para formar un producto».

Modelo de crecimiento y multiplicación
En 1986, el Señor nos dio un modelo de crecimiento y multiplicación el cual, puesto en práctica por los creyentes, proporcionan sanidad y restauración para ellos. Este modelo consiste en la puesta en práctica del ayuno, la oración, la adoración y la proclamación en fe de la Palabra de Dios.
¿Cómo funciona este modelo?
Hemos observado en estos años que existe una secuencia de acontecimientos en la dimensión espiritual que permiten la sanidad y la restauración a través de este modelo.

Ayuno
Nos introduce a una dimensión donde la unción de Dios quebranta las ataduras más profundas.

Oración
La oración es la comunicación con Dios y a través de la cual el Señor nos responde. «Clama a mí y yo te responderé» (Jeremías 33.3). La oración nos permite también discernir con mayor claridad lo que acontece en el mundo espiritual. De

igual manera podemos discernir las estrategias a usar para contrarrestar la acción antagónica de las huestes de maldad.

La Palabra

Durante un ayuno el Señor nos lleva a proclamar con fe su Palabra la cual actúa como una saeta de autoridad que quebranta las opresiones espirituales de maldad sobre personas, familias y naciones.

Isaías 55.11 dice: «Así será mi palabra que sale de mi boca; no regresará vacía, sino que hará lo que yo quiero, y será prosperada en aquello para la envié».

Las palabras de Jesús son espíritu pues Él es el Verbo encarnado. Dios respalda su palabra para lo que la envió. Si envía la palabra de sanidad regresa con sanidad. La de salvación con salvación. Él nos utiliza a nosotros como sus instrumentos para proclamar su Palabra sobre nuestra vida, familia y nación. Lo que se cumplirá es la Palabra de Dios no nuestras opiniones o expectativas. Se cumplirán los propósitos de Dios contenidos en su Palabra. Se cumplirán sus principios que son eternos.

Así como el principio de la gravedad se cumple en toda la tierra, así se cumplirán los principios de su Palabra en nosotros.

Muchas veces en los retiros de ayuno y oración el Señor nos guió a proclamar versículos bíblicos como: «Ninguna arma forjada contra ti prosperará». «Todo lo puedo en Cristo que me fortalece». «Pero tú aumentarás mis fuerzas como las del búfalo, seré ungido con aceite fresco». Cada vez que se proclama en fe la Palabra de Dios ocurre un impacto en la dimensión espiritual a favor nuestro.

La Palabra ungida es aquella que se declara con fe y es la que creemos en nuestro corazón. Recordemos: solo se manifiesta en nuestra vida la palabra que creemos, y eso es lo que recibimos. No se manifiesta la palabra que conocemos en nuestro intelecto sino la que creemos en nuestro corazón, pues la Palabra de Dios tiene un poder dinámico y creativo en sí misma.

La adoración

Es la expresión que un creyente hace para reconocer la naturaleza de Dios como creador. Se adora a Dios por lo que Él es. Durante un ayuno el Señor quebranta las opresiones y nos hace libres, entonces adoramos al Señor genuinamente pues la adoración en espíritu y en verdad sale únicamente de un alma libre.

Los adoradores que el Señor busca corresponden a gente libre que en gratitud a su libertador le adoran por lo que es en esencia.

Observábamos que numerosas personas llegaban al retiro de ayuno con muestras de opresión en sus rostros pero con el transcurrir de los días estas desaparecían y de sus bocas salían cánticos espontáneos de adoración genuina a Dios.

La adoración es el resultado final de este modelo de crecimiento y multiplicación mostrado por el Señor y aplicado por nosotros desde 1986 en miles de creyentes.

Considero que en el avivamiento que Dios tiene preparado para estos últimos tiempos el ayuno y la oración serán dos de los elementos importantes a tomar en cuenta. El avivamiento está conformado por toda una serie de factores establecidos por el Señor. Cada uno cumple una función específica dentro de las estrategias designadas por Dios para bendecir a su pueblo. Nuestra labor como creyentes consiste en seguir la dirección del Espíritu Santo para poner en práctica cada uno de ellos en el momento oportuno y en la forma y dirección correctas.

En las congregaciones, en las cuales hemos establecido un plan de ayunos proclamados y practicados regularmente, se ha observado un efecto profundo en sus miembros. Esto es en el crecimiento de la misma numéricamente y en la calidad de vida de los creyentes.

CRECIMIENTO PERSONAL

El crecimiento personal puede abarcar varias áreas de una persona tales como el físico, emocional, espiritual, etc.

El crecimiento físico es la capacidad que tiene el organismo de absorber los nutrientes apropiados para luego transformarlos en elementos vitales que aumentarán el tamaño y volumen de sus huesos, órganos y tejidos. Este tipo de crecimiento se lleva a cabo desde el momento de la concepción hasta los veintiún años de edad cuando todos los cartílagos (sustancia elástica, flexible, blanca o grisácea, adherida a las superficies articulares óseas y que forma ciertas partes del esqueleto) se transforman en hueso sólido. Esto quiere decir que, el crecimiento físico tiene un límite natural el cual una vez alcanzado se detiene.

El crecimiento espiritual es la capacidad que tiene el creyente de desarrollar una relación íntima y profunda con el Señor Jesucristo de tal modo que la nueva criatura se manifieste plenamente en su vida. Se lleva a cabo desde el nuevo nacimiento hasta que estemos en la presencia del Señor.

El límite espiritual es «la medida de la estatura de la plenitud de Cristo» (Efesios 4.13b).

El crecimiento físico es un proceso, no ocurre inmediatamente. De la misma manera ocurre con el espiritual pues para ello se requieren ciertas condiciones, los nutrientes espirituales adecuados, y la guía del Espíritu Santo para ello.

Los padres no se preocupan en conocer cómo es el complicado proceso de crecimiento, sino de aportarles buenos alimentos a sus hijos.

Nuestro padre que está en los cielos ha servido buenos alimentos espirituales (como la Palabra, el ayuno, la oración, y la adoración) para que nosotros los ingiramos y crezcamos fuertes espiritualmente. El Espíritu Santo nos guía a entender que es bueno comerlos todos pero al final el creyente es quien decide y usualmente come lo que le gusta, más no lo que necesita. A veces se acostumbra a comer lo mismo y eso lo desnutre. Por ejemplo, las personas con sobrepeso usualmente son desnutridas pues tienen deficiencia de ciertos nutrientes debido a que ingieren principalmente carbohidratos.

Muchas veces vemos a través de la televisión imágenes de niños desnutridos hasta el extremo los cuales parecen cadáveres, ellos descienden de padres en las mismas condiciones. ¡Los padres desnutridos engendran hijos desnutridos!

Para poder enfrentar los retos del nuevo milenio se van a necesitar creyentes fuertes y firmes que se parezcan a su Padre que está en los cielos.

Muchos cristianos se han olvidado del ayuno y la oración como parte de los nutrientes espirituales que deberían ingerir y por eso sus vidas muestran una seca y falsa religiosidad, en vez de la vida y unción de Dios. Frustración y una vida sin frutos se ven cuando no recibimos los nutrientes adecuados en la vida cristiana pues para crecer hay que tener el ambiente propicio.

El ayuno y la oración serán dos de los nutrientes espirituales que el Señor utilizará más frecuentemente en los próximos años para regar y hacer reverdecer la vida de millones de creyentes en el mundo, pues hay cierta calidad de vida que solo se experimenta a través del ayuno y la oración.

El Señor está llamando a su pueblo a crecer en fe y en su relación con Él pues hay un destino que cumplir y nuevas dimensiones que alcanzar. Hay un potencial en el pueblo de Dios que necesita ser desarrollado. Hay una unción que rompe yugos la cual necesita ser liberada para que se manifieste en estos tiempos para gloria del Señor.

Solo se crece espiritualmente en la vida cristiana en la presencia de Dios.

Él nos dio a su Espíritu Santo para que nos guiara, y Él nos anima a usar todos los medios necesarios como el ayuno y la oración para lograrlo. Estas disciplinas espirituales propician las condiciones para tener encuentros especiales y renovadores con el Señor, pues son medios para humillarnos ante su presencia.

El ayuno y la oración nos preparan para ser introducidos por el Espíritu Santo a una nueva dimensión producto de un encuentro personal y especial con el Señor. Los retiros de ayunos se caracterizan por ser tiempos de profunda acción del Espíritu Santo en la vida del creyente. Él los guía a tener una comunión muy especial con el Señor Jesús durante los mismos.

En el ayuno Dios nos invita a subir a su presencia en el trono de la gracia celestial y a dialogar con Él sobre diferentes tópicos que conforman nuestra vida cristiana. Además, Él nos muestra sus planes y propósitos para con nosotros.

En los tiempos de ayuno se manifiesta un trato muy poderoso y especial del Señor sobre los creyentes que los lleva a aplicar los principios bíblicos necesarios para que sus vidas, en ciertas áreas, sean restauradas. Muchas preguntas son contestadas por el Señor durante este tiempo, lo cual trae crecimiento a nuestra vida. En esos tiempos el Señor nos confronta y nos muestra nuestra real condición.

Es por eso que crecemos cuando:

- Asumimos un mayor compromiso con el Señor y su obra para ocupar nuestro lugar en su Reino.
- Decidimos obedecerle a Él y no a los deseos de la carne.
- Participamos voluntariamente en el proceso de crecimiento que el Señor diseñó para cada uno de nosotros.
- Aceptamos recibir su ayuda para corregir conductas pecaminosas o dañinas.
- No justificamos nuestros errores sino que los reconocemos.
- Vivimos los principios bíblicos que enseñamos a otros.
- Ponemos la fe en acción, en vez de quejarnos, para que las circunstancias cambien.
- Amamos al Señor y su obra y no al mundo.

El ayuno y la oración propician las condiciones para tomar esas decisiones importantes con el Señor las cuales nos hacen crecer a una nueva dimensión personal y espiritual.

Imagínense el crecimiento personal que experimentaría un creyente si ayuna dos días a la semana (por ejemplo, martes y viernes), y si tomamos como promedio cuatro semanas al mes, eso equivaldría a ¡noventa y seis días de ayuno al año! Este concepto está basado en la recomendación médica de ayunar solo ocho días al mes todos los meses para mantener un rango de seguridad en cuanto a salud.

Si practicase un día fijo de ayuno a la semana equivaldría a 52 días de ayuno al año. Serían 52 días de profunda comunión con el Señor en los cuales el Espíritu Santo tiene una serie de oportunidades especiales de sanar diversas áreas en el creyente.

Supongamos que realice 3 días consecutivos de ayuno al mes. Eso equivaldría a 36 días de ayuno al año.

Si realiza 7 días consecutivos de ayuno cada 2 meses equivaldría a 42 días al año, lo cual unido a la oración representarían 42 días de poder de Dios sobre su vida.

Si realiza 21 días de ayuno cada 6 meses (dos veces al año) proporcionaría 42 días de ayuno al año.

Finalmente si realiza un ayuno de 40 días consecutivos representa un período de tiempo muy especial con Dios lo cual, redunda en su crecimiento personal en gran manera.

Todos estos rangos están perfectamente delimitados dentro del margen de seguridad que recomiendan los estudios médicos (como veremos en el capítulo dos) sobre la frecuencia de los ayunos.

Cuando un creyente adquiere las disciplinas espirituales del ayuno y la oración como parte de su vida devocional, se empiezan a producir cambios profundos en su ser lo cual se manifiesta notoriamente a través de los frutos del Espíritu Santo.

No importa la variedad de ayuno utilizada, lo importante es el propósito con el cual vamos al mismo, y el efecto multiplicador de la acción del Espíritu Santo sobre un creyente que busca con deseo el rostro y dirección del Señor.

Un comentario adicional que quisiera realizar es que algunos líderes promocionan el ayuno de 40 días como el único valedero y efectivo delante de los ojos del Señor. Con respeto hacia ellos deseo expresar que según mi experiencia es más efectivo realizar ayunos cortos pero en forma frecuente que un ayuno prolongado de vez en cuando.

La mayoría de los creyentes tiene las reservas energéticas (véase el capítulo 3) para ayunar 40 días en promedio pero tengo la convicción de que no todos están llamados por Dios para realizarlo.

He observado que cuando el Señor llama a alguien a un ayuno prolongado de 40 días es porque tiene un propósito, llamado o trato especial hacia esa persona, que requiere esa medida extraordinaria por parte de Dios.

Es menos complicado animar a un creyente a ayunar un día a la semana o tres días consecutivos al mes que 40 días consecutivos al año.

Finalmente puedo expresar que para mantener el sitio que Dios quiere que ocupe el ayuno y la oración, debemos practicarlo con frecuencia y bajo los principios correctos de la misma forma que el médico se actualiza en los nuevos avances científicos para mantenerse con la efectividad requerida en su profesión.

CRECIMIENTO ECLESIÁSTICO

El Señor nos guió, en Misiones Valle de la Decisión, a establecer una estrategia de crecimiento en congregaciones de diferentes denominaciones en varios países.

La misma consistió en realizar un plan de ayunos corporativos cada tres meses en los cuales intervenía toda la congregación. Se alternaron tiempos para alabanza y adoración, intercesión, estudio de la Palabra, momentos a solas con el Señor, etc.

Una vez establecida esta estrategia de crecimiento hicimos un seguimiento en las congregaciones y evaluamos los resultados obtenidos tanto cualitativa como cuantitativamente.

Cuantitativamente: Los mismos han sido muy alentadores pues tenemos el caso de iglesias que han duplicado su membresía en el lapso de uno a dos años.

Cualitativamente: Una vez que una iglesia inicia el plan de ayunos corporativos hemos observado que en muchos casos ocurre lo siguiente:

• Surgen situaciones de pecado que se habían mantenido ocultas por años.

Estas situaciones comienzan a manifestarse por acción del Espíritu Santo para que sean sanadas y corregidas lo que permite que muchos problemas internos se resuelvan al romperse las opresiones espirituales que eran ejercidas sobre la iglesia local.

• La disposición de los miembros a buscar ayuda para tratar sus problemas emocionales y espirituales aumenta.
• También la disposición de la membresía de buscar el rostro del Señor mejora notoriamente.

A medida que evaluábamos los resultados hacíamos algunas otras recomendaciones (dadas por el Señor) a los pastores que consistían en implementar otras estrategias complementarias que mejoraban la eficacia de las ya establecidas.

Recomiendo ampliamente a los pastores implementar retiros de ayuno para toda la congregación ya sea en campamentos o en las instalaciones de la misma iglesia. Los cambios experimentados posteriormente serán la recompensa que el Señor les dará por el esfuerzo realizado.

MULTIPLICACIÓN

Peter Wagner, en su libro *Iglesias que oran*, hace mención de Sue Curran la cual dice: «Cuando pasamos de orar a solas a la manera corporativa, nos movemos al campo en el que los resultados se calculan de manera expositiva. Nos movemos del dominio de la suma al de la multiplicación: por cada persona añadida, se multiplica el poder de la oración».[3]

Esto sucede exactamente igual con el ayuno corporativo. Si aplicamos una tabla de equivalencias similar a la que empleamos en el ámbito del crecimiento personal, veremos que la magnitud real del efecto del ayuno corporativo más que multiplicador, es exponencial.

Hemos tenido la oportunidad de supervisar ayunos corporativos donde han participado seis mil creyentes reunidos en un mismo lugar. En cada uno de los tres días del ayuno asistió similar cantidad de personas. Si tomamos en cuenta que cada una de esas personas ha ayunado tres días y que en total había seis mil creyentes compartiendo la misma experiencia la equivalencia sería de 18,000 días de ayuno (6,000 x 3) en su totalidad. El tiempo que le llevaría a una sola persona ayunar ese período equivaldría a ¡49,3 años de su vida para lograrlo! ¿Nos percatamos ahora del efecto multiplicador de un ayuno corporativo?

Ilustremos lo anterior con otro ejemplo. Supongamos que una congregación pequeña de unos 100 miembros establezca un ayuno proclamado (corporativo) de tres días cada tres meses cuatro veces al año. Supongamos también que participen las cien personas en cada uno de los cuatro ayunos. La equivalencia sería de 100 personas por tres días, o sea, 300 días de ayuno por la totalidad de la congregación. ¡Casi un año!

Luego si eso lo multiplicamos por 4 (ayunos en un año) nos resultarían 1,200 días de ayuno y entre 365 días que tiene un año nos resultaría 3,2 años de ayuno. Esta sería la cantidad de tiempo que necesitaría un creyente para realizar él solo lo que hizo la congregación entera de 100 miembros en solo 4 ayunos.

Si unimos el hecho concreto que el ayuno multiplica varias veces la intensidad de la oración, esos cuatro ayunos corporativos en esa pequeña iglesia se pueden convertir en la clave para el avivamiento y crecimiento de la misma.

Vayamos un poco más allá. ¿Qué pasaría si en la misma ciudad un grupo de congregaciones similares (digamos diez) realizaran lo mismo durante el año?

Habría suficiente liberación de poder para crear un impacto en toda la ciudad. Solo faltaría que se pusieran de acuerdo entre sí para sumar esfuerzos hacia una misma dirección.

Sinceramente creo que el ayuno y la oración unidos pueden convertirse en armas de primer orden para la multiplicación de la membresía de las iglesias.

Hay una secuencia en esto: Primero crecemos y luego nos multiplicamos. El Señor desea que crezcamos en la relación con Él, que se multiplique el discernimiento espiritual y la unción que hay sobre sus redimidos para que también se multiplique, a través de ellos, su manifestación poderosa en las naciones.

Se aproximan tiempos de grandes oportunidades por lo que el Señor está llamándonos a una vida más consagrada y santa. Las dimensiones que Él ha destinado para usarnos en los años venideros son mucho mayores que los de antes, y por eso nos pide que nos vaciemos para llenarnos y multiplicar nuestras fuerzas. Necesitamos una unción fresca para lo que nos espera en el futuro.

AYUNO Y ORACIÓN CORPORATIVOS: INSTRUMENTOS DE UNIDAD

Uno de los énfasis especiales que el señor me mostró a través de la realización de los retiros corporativos de ayuno y oración es la unidad del pueblo de Dios.

En cada uno de esos retiros contábamos con miembros de iglesias de denominaciones diferentes y lo asombroso era ver como el señor nos unificaba en un mismo espíritu a medida que transcurrían los días. Claro está que también dábamos una serie de instrucciones encaminadas a que se respetasen los conceptos doctrinales y la manera de adorar y de expresarse de cada ayunador. Pero también permitíamos libertad al Espíritu Santo de actuar en medio nuestro. Los resultados han sido maravillosos en cada retiro y hemos comprobado que es mejor centrarnos en lo que nos une y no en lo que nos separa. «Mirad cuán bueno y cuán delicioso es habitar los hermanos juntos en armonía» (Salmo 133.1). Misiones Valle de la Decisión organiza retiros corporativos de ayuno y oración, y convoca a los miembros de las diferentes denominaciones. A medida que los pastores iban conociendo y entendiendo el propósito de Dios para que se realizaran estos ayunos corporativos en beneficio del Cuerpo de Cristo en general, comenzaron a respaldar los retiros que programamos en varios países.

Lo mismo ha ocurrido en ayunos corporativos donde participan varias iglesias de una misma denominación. La presencia del Espíritu Santo durante estos retiros quebranta muchas ataduras de división.

Ayunos y oración para ministros

Desde 1995 el Señor nos guió a realizar un ayuno corporativo denominado: «Ayuno y Oración para Ministros» (Hechos 13.12 y Joel 3.10) el cual está dirigido exclusivamente a reuniones misioneras, pastores y cientos de personas de una nación en particular con la finalidad de ayunar y orar juntos por tres días en un mismo lugar. Ha sido un reto que hemos afrontado como organización misionera y que el Señor nos ha permitido llevar a cabo en forma progresiva en varios países.

Estamos conscientes que la unidad del liderazgo cristiano es vital para la toma de las naciones. Pero también estamos conscientes de que el enemigo ha mantenido divididos y en desacuerdo a los mismos. Esto ha llevado a que muchos pastores se aíslen en su lucha y se agoten espiritual, emocional y físicamente por no ver resultados concretos.

Cuando realizamos «Ayuno y Oración para Ministros» en una nación, nos basamos en el poder del acuerdo contenido en Mateo 18.18-20: «De cierto os digo que todo lo que atéis en la tierra, será atado en el cielo; y todo lo que desatéis en la tierra, será desatado en el cielo. Otra vez os digo, que si dos de vosotros se pusieren de acuerdo en la tierra acerca de cualquier cosa que pidieren, les será hecho por mi padre que está en los cielos. Porque donde están dos o tres congregados en mi nombre, allí estoy yo en medio de ellos».

Este acuerdo tiene que ser en el nombre de Jesús, y se requieren solo dos o más personas para realizarlo.

Un acuerdo permite que dos o más personas tengan un fin común. El acuerdo es un acto de la voluntad humana y es por eso que Satanás se ha infiltrado sigilosamente en las emociones de muchos ministros para no permitirlo.

Un acuerdo implica que maduremos como personas y como ministros. Ahora bien se madura más rápidamente en el ministerio que en la vida. En el ministerio se madura por asignaciones ministeriales delegadas por el Señor, en la vida se crece por los años de entrega a Dios. El Espíritu Santo, a medida que pasan los años cronológicamente, va realizando una labor de sanidad y entereza de nuestro carácter.

Aún presidentes de países en guerra son capaces de sentarse en una misma mesa (mostrando madurez para dejar a un lado sus diferencias) y así negociar la paz para ambas naciones.

¿Por qué nosotros, el pueblo de Dios, no podemos hacer lo mismo? Dejar a un lado nuestras diferencias doctrinales y teológicas e ir al Señor en ayuno y oración, para que Él nos guíe a trabajar juntos bajo estrategias específicas.

Amos 3.3 dice: «¿Estarán dos juntos, si no estuvieren de acuerdo?» Esta porción nos enseña que el acuerdo une las voluntades de los hombres.

El acuerdo en sí mismo encierra una dimensión de poder y autoridad pues está basado en tener un fin común. El poder de Satanás radica en que todos sus demonios están sujetos a él.

Las sectas satánicas, los brujos, hechiceros y ocultistas están de acuerdo con Satanás y le adoran a través de sus ritos, conjuros y demás prácticas demoníacas.

Esto le proporciona poder a Satanás y a su vez, él le proporciona cierto nivel de poder a ellos.

En Lucas 11.17 leemos: «Todo reino dividido contra sí mismo, es asolado; y una casa dividida contra sí misma, cae».

La estrategia por excelencia que Satanás utiliza para mermar la autoridad del liderazgo cristiano es la división.

Mientras no haya propósitos en común, bajo un acuerdo, Satanás tiene un derecho legal para oprimir a los líderes cristianos.

Ahora, ¿qué puede suceder cuando un grupo de pastores y líderes se ponen de acuerdo para permanecer tres días (por ejemplo) ayunando y orando juntos en un mismo lugar? En Hechos 2.1 leemos: «Cuando llegó el día de pentecostés, estaban todos unánimes juntos» ¡El Espíritu Santo los llevó a la unanimidad! Esto es lo que puede ocurrir.

Usualmente en estos ayunos para pastores el Espíritu santo ministra arrepentimiento profundo y perdón entre los presentes, y esto prepara el camino para el acuerdo y la unidad.

¡Amados pastores y ministros pongámonos de acuerdo! ¡Vamos a establecer un nuevo pacto de lealtad entre nosotros, pues pertenecemos a un mismo Cuerpo!

Los resultados que hemos observado después de la realización de «Ayuno y Oración para Ministros» son asombrosos en muchos casos. El poder de sanidad, restauración y reconciliación del Señor se manifiesta de una manera especial. ¡Continuemos orando para que avance hacia otras naciones!

Ayunos corporativos para ciudades o naciones

En estos ayunos participan pastores, líderes, y creyentes en general de las diferentes denominaciones utilizando una serie de estrategias encaminadas a «limpiar los aires» y romper las opresiones que el maligno ejerce sobre la ciudad o la nación según sea el caso.

Es un tiempo especial para orar por los gobernantes, los que están en eminencia, y por la evangelización de esa ciudad o nación.

Después de estos ayunos multitudinarios hemos recibido reportes alentadores al realizar la evaluación posterior, como por ejemplo un mayor número de conversiones. Estamos convencidos en Misiones Valle de la Decisión que estas estrategias de *iglecrecimiento*, sencillas pero eficaces, aportarán su parte en la unidad del pueblo cristiano en general.

AYUNO, ORACIÓN Y COMPROMISO PERSONAL

Estas disciplinas espirituales permiten al creyente manifestar de forma notoria un grado mayor de compromiso personal con el Señor y la vida en su Reino. No quiero decir con esto que existan élites o cristianos de primera o segunda categoría. Solo quiero enfatizar que el Señor requiere de los creyentes un mayor compromiso, una vida más entregada a Él, cuando nos llama a ayunar y orar con frecuencia.

Dios desea mostrarnos cosas grandes y ocultas (Jeremías 33.3) y para ello nos guía, a través de su Espíritu Santo, a disciplinar nuestra vida por medio del ayuno y la oración. Estas nos permiten madurar en sus caminos lo cual nos prepara para que el Señor nos asigne nuevas tareas.

Un ejemplo bíblico lo vemos relatado en Daniel 10.1 cuando Dios le reveló la palabra al profeta con referencia a que el período de 70 años de cautiverio del pueblo de Israel en Babilonia ya se había cumplido, y que tenían que regresar a Jerusalén. Ahora bien, ¿cuál fue la actitud de Daniel? Él se comprometió para que esto se cumpliera. ¿Cómo lo hizo? A través del ayuno y la intercesión durante tres semanas como lo relata Daniel 10.2,3: «En aquellos días yo Daniel estuve afligido por espacio

Daniel 10.2-3

de tres semanas. No comí manjar delicado, ni entró en mi boca carne ni vino, ni me ungí con ungüento, hasta que se cumplieron las tres semanas».

Daniel comprendió que para que esta promesa de Dios se cumpliera alguien de ese pueblo se tenía que poner en la brecha, y decidió hacerlo él. También valoró que para mover las opresiones que operaban sobre el pueblo de Israel se requería el uso del ayuno y la oración, pero tuvo que unir a esos un tercer elemento: su compromiso personal.

Muchas veces oramos: «Señor envía un avivamiento a mi iglesia, ciudad o nación» o «envía a alguno que lo haga», creo que tenemos que cambiar de actitud y orar de la forma siguiente: «Señor envía un avivamiento a mi iglesia, ciudad o nación y permíteme formar parte de él» o «Señor envíame a mí a participar del avivamiento junto con otros».

Estas últimas oraciones establecen un compromiso personal con el Señor para que nos utilice como instrumentos para el avivamiento.

Se necesitan muchos obreros porque la mies es mucha, pidamos al Señor que seamos uno de ellos.

¿CÓMO NOS PREPARAMOS PARA REALIZAR EL AYUNO?

En esta área podemos sugerir algunas recomendaciones generales que ayudarán a la preparación espiritual del creyente para su ayuno.

Orar para romper las ataduras o cualquier impedimento que Satanás quiera establecer para que el creyente no ayune. Satanás es padre de mentiras y no desea que el pueblo de Dios ayune en la dirección correcta, por eso trata de evitar que acuda al llamado del Señor al ayuno y la oración. Para ello pondrá todos los obstáculos o mentiras a su alcance.

Leer en la Biblia las citas que dan referencia a los ayunos realizados por hombres y mujeres de Dios; en estas se puede ver como es usado el ayuno (por el Señor) para romper ataduras, para dar respuestas a su pueblo, etc.

En Hebreos 11.6 podemos leer: «Porque es necesario que el que acerca a Dios crea que le hay, y que es galardonador de los que le buscan». Esto muestra que la actitud correcta para ayunar es ir con un corazón sencillo en búsqueda de comunión profunda con el Señor. Para ello es necesario visualizar al ayuno no como un sacrificio, sino como esa oportunidad que Dios nos da para estar en comunión con Él, y a través de la cual nos puede bendecir. Cerciorarse bien de cuál es el motivo de nuestro ayuno. El primer y más grande motivo es acercarse a Dios en comunión profunda a Él. Los demás motivos son valederos pero supeditados a este primero. Recordemos lo que el mismo Señor Jesús nos dijo en Lucas 12.31: «Mas buscad el reino de Dios, y todas estas cosas os serán añadidas». Lo más importante del ayuno no es su duración o variedad sino el propósito.

¿QUÉ PODEMOS HACER DURANTE EL AYUNO?

El tiempo de ayuno es dinámico, y no estático y aburrido. Es emocionante estar a la expectativa de lo que el Señor va a realizar en cualquier momento. En los numerosos ayunos que el Señor nos ha permitido realizar en Misiones Valle de la Decisión hemos disfrutado de su presencia en forma especial.

En el primer año de ministerio el Señor nos enseñó una secuencia a seguir que nos ha ayudado hasta nuestros días para guiar a los creyentes a una permanencia agradable durante el ayuno. Esta está sujeta a las variaciones que el Espíritu Santo pueda realizar en su multiforme sabiduría, pero nos sirve de guía.

A continuación se detallará el programa de actividades que seguíamos con la finalidad de que pueda servir de ayuda a aquellos quienes deseen ponerlo en práctica en sus retiros de ayuno. No pretendemos que sea la única manera, sino una de tantas que el Señor ha dado a su pueblo.

Orábamos para que el Señor nos diera un nombre para el ayuno. Desde el primer ayuno efectuado el 26 de noviembre de

1986 el Señor nos ha mostrado el nombre de cada ayuno y en esa dirección nos hemos enfocado guiados por Dios en los estudios bíblicos, en la alabanza, en la oración, etc.

El primer día, al llegar al campamento, ubicábamos a los ayunadores (hombres y mujeres) en sus respectivas cabañas.

ACTIVIDAD DE LA MAÑANA

Dábamos la bienvenida a los ayunadores una vez dentro del salón de conferencias (o templo), repartiéndoles a cada uno sus distintivos de identificación. Muchas veces teníamos representantes de más de veinte iglesias de denominaciones diferentes por lo cual no se conocían unos a otros.

Anunciábamos las reglas del lugar y la dinámica a seguir a todos los participantes.

Cada ayunador se presentaba diciendo su nombre, iglesia a la cual pertenecía y el propósito por el cual acudía a ayunar. Esto por supuesto lo hacían brevemente. Desde ese mismo momento comenzábamos a observar como el Señor comenzaba a quebrantar a los presentes.

Se asignaban compañeros de oración a cada ayunador presente.

Se tenía tiempo de intercesión para dedicar el ayuno para orar por los familiares de los presentes, unos por los otros o cualquier dinámica que el Espíritu Santo nos indicara. También teníamos tiempo para proclamar la Palabra de Dios en forma audible, y aquí participaban todos aquellos que el Señor les guiara a hacerlo.

Había además un tiempo espontáneo de alabanza y adoración en el que todos participaban. Se les permitía que cada quien lo hiciera de acuerdo a como lo hacía en su iglesia. Esto permitía que cada uno de los creyentes se sintiera a gusto y sin limitar la libertad de acción a sus hermanos.

Después se daba un estudio bíblico de acuerdo al tema a desarrollar durante el ayuno. Para ello compartíamos las enseñanzas entre el equipo de Misiones Valle de la Decisión, pastores y ministros invitados. Era asombroso observar que todo el grupo asistente básicamente tenía la misma necesidad y que estaba en relación con el nombre del ayuno dado por el Señor. Así cada ayuno era diferente en el fluir de Dios. Contábamos con un tiempo de descanso de dos horas. Durante el mismo se tomaban los signos vitales, se llenaban encuestas y se tomaban muestras de laboratorio entre los voluntarios. Este tiempo era aprovechado por los participantes para descansar, leer la Palabra, orar con sus compañeros de oración, o en tiempos de consejería con el equipo de Misiones Valle de la Decisión.

ACTIVIDAD DE LA TARDE
Tiempo para compartir testimonios ocurridos en la mañana y opinar sobre lo aprendido en el estudio bíblico. Tiempo de intercesión de unos por otros. Algunas veces tomábamos este tiempo para continuar con el estudio de la mañana o dar uno nuevo. Todo dependía del mover del Espíritu Santo en el tiempo de la mañana. Teníamos una hora libre.

ACTIVIDAD DE LA NOCHE
Intercesión por los pastores, líderes, ministros y por las diferentes denominaciones. Alabanza y adoración con el equipo Misiones Valle de la Decisión o con invitados especiales. Estudio bíblico y ministración a los presentes. Instrucciones breves para el día siguiente.

Oración de despedida. En los otros días seguíamos este esquema, pero con algunas variantes. Por ejemplo, en el segundo día por la mañana dábamos una breve charla explicativa sobre los cambios metabólicos que se operan en el organismo durante el ayuno. Esto lo hacíamos como primera actividad del día.

En la noche del segundo día teníamos también la «oración de bendición» basada en Números 6.24-26. Esta consistía en que dos personas usaban este texto como base (una persona primero y luego la otra) para iniciar la bendición sobre su hermano y luego seguía bendiciéndolo de acuerdo a lo que el Señor ponía en su corazón.

El tercer día hacíamos círculos de intercesión entre los miembros de una iglesia con los de otra que se asignaba. Era un tiempo de respaldo, cobertura y hermosa unidad entre los miembros del Cuerpo de Cristo.

RECOMENDACIONES DESPUÉS DEL AYUNO

Las recomendaciones generales son las siguientes:

Continúe ayunando con cierta frecuencia para que esta práctica se convierta en parte de su vida devocional. Usualmente los creyentes que lo hacen de esta manera experimentan un avivamiento espiritual en su vida, probablemente debido a que el ayuno favorece las condiciones para ello.

Establezca el hábito de la oración utilizando un método para ello. Estamos acostumbrados a crear hábitos de las cosas que realizamos todos los días, y la oración no debe ser una excepción.

Desarrolle una actitud de adoración. Continúe orando y dando gracias por las respuestas de Dios. La mayoría de estas se observan después del ayuno y no durante el mismo.

Desarrolle una forma sistemática de leer y estudiar la Palabra. Nuevamente podemos ver grandes cambios en nuestra vida si hacemos de la lectura de la Palabra un buen hábito.

BENEFICIOS ESPIRITUALES DEL AYUNO

- El primer y más grande beneficio de un ayuno es dirección para el creyente por parte del Señor. La confusión y duda son disipadas en su presencia cuando existe esa perfecta comunión con Él.
- Ruptura de opresiones espirituales en áreas específicas de la vida del creyente.
- Restauración de las áreas liberadas.
- Se desarrolla una mayor sensibilidad para escuchar la voz del Espíritu Santo al ayunar frecuentemente.
- El Señor muestra estrategias para romper opresiones que operan sobre una persona, familia, iglesia o nación.

QUÉ DICE LA BIBLIA SOBRE EL AYUNO

Desde el Antiguo hasta el Nuevo Testamento encontramos numerosas citas bíblicas que relatan la práctica del ayuno por parte de hombres y mujeres utilizados poderosamente por el Señor. Las mismas sirven para inspirar y enseñar sobre una dimensión que en los días actuales Dios desea introducirnos con fervor. A continuación se relacionan algunas de estas citas bíblicas sobre el ayuno para su estudio y lectura.

EN EL ANTIGUO TESTAMENTO

1. «Y las cartas que escribió decían así: Proclamad ayuno, y poned a Nabot delante del pueblo» (1 Reyes 21.9).
2. «Entonces él tuvo temor; y Josafat humilló su rostro para consultar a Jehová, e hizo pregonar ayuno a todo Judá» (2 Crónicas 20.3).
3. «Y publiqué ayuno allí junto al río Ahava, para afligirnos delante de nuestro Dios, para solicitar de él camino derecho para nosotros, y para nuestros niños, y para todos nuestros bienes» (Esdras 8.21).
4. «Ve y reúne a todos los judíos que se hallan en Susa, y ayunad por mí, y no comáis ni bebáis en tres días, noche y día; yo también con mis doncellas ayunaré igualmente, y entonces entraré a ver al rey, aunque no sea conforme a la ley; y si perezco, que perezca» (Ester 4.16).
5. «Y aconteció en el año quinto de Joacim, hijo de Josías, rey de Judá, en el mes noveno, que promulgaron ayuno en la presencia de Jehová a todo el pueblo de Jerusalén y a todo el pueblo que venia de las ciudades de Judá a Jerusalén (Jeremías 36.9).
6. «Y los hombres de Nínive creyeron a Dios, y proclamaron ayuno, y se vistieron de cilicio desde el mayor hasta el menor de ellos» (Jonás 3.5).
7. Por qué, dicen, ayunamos, y no hicisteis caso; humillamos nuestras almas, y no te diste por entendido? He aquí que en el día de vuestro ayuno buscáis vuestro propio gusto, y oprimís a todos vuestros trabajadores» (Isaías 58.3).

8. «Cuando ayunen, yo no oiré su clamor, y cuando ofrezcan holocausto y ofrenda no lo aceptaré, sino que los consumiré con espada, con hambre y con pestilencia» (Jeremías 14.12).

9. «Habla a todo el pueblo del país, y a los sacerdotes, diciendo: Cuando ayunasteis y llorasteis en el quinto y en el séptimo mes estos setenta años, habéis ayunado para mí» (Zacarías 7.5).

10. «Mis rodillas están debilitadas a causa del ayuno, y mi carne desfallece por falta de gordura» (Salmo 109.24).

11. «Pero yo, cuando ellos enfermaron, me vestí de cilicio; afligí con ayuno mi alma, y mi oración se volvía a mi seno» (Salmo 35.13).

12. «Lloré afligiendo con ayuno mi alma, y esto me ha sido por afrenta» (Salmo 69.10).

13. «Proclamad ayuno, convocad a asamblea; congregad a los ancianos y a todos los moradores de la tierra en la casa de Jehová vuestro Dios y clamad a Jehová» (Joel 1.14).

15. «Entonces subieron todos los hijos de Israel, y todo el pueblo, y vinieron a la casa de Dios; y lloraron, y se sentaron allí en presencia de Jehová, y ayunaron aquel día hasta la noche; y ofrecieron holocausto y ofrenda de paz delante de Jehová» (Jueces 20.26).

16. «Y se reunieron en Mizpa, y sacaron agua, y la derramaron delante de Jehová, y ayunaron aquel día, y dijeron allí: contra Jehová hemos pecado. Y juzgó Samuel a los hijos de Israel en Mizpa» (1 Samuel 7.6).

17. «Y se levantó Jonatán de la mesa con exaltada ira, y no comió pan el segundo día de la nueva luna; porque tenía dolor a causa de David, porque su padre le había afrentado» (1 Samuel 28.34).

18. «Entonces Saúl cayó en tierra cuan grande era, y tuvo gran temor por las palabras de Samuel; y estaba sin fuerzas, porque en todo aquel día y aquella noche no había comido pan» (1 Samuel 28.20).

19. «Y tomando sus huesos, los sepultaron debajo de un árbol en Jabes, y ayunaron siete días» (1 Samuel 31.13).

20. «Y lloraron y lamentaron y ayunaron hasta la noche, por Saúl y por Jonatán su hijo, por el pueblo de Jehová y por la casa de Israel, porque había caído a filo de espada» (2 Samuel 1.12).

21. «Entonces todo el pueblo vino para persuadir a David que comiera, antes que acabara el día. Más David juró diciendo: Así me haga Dios y aún me añada, si antes que se ponga el sol gustaré yo pan, o cualquier otra cosa» (2 Samuel 3.35).

22. «Entonces David rogó a Dios por el niño; y ayunó David, y entró y pasó la noche acostado en tierra» (2 Samuel 12.16).

23. «Se levantó, pues, y comió y bebió; y fortalecido con aquella comida caminó cuarenta días y cuarenta noches hasta Horeb, el monte de Dios» (1 Reyes 19.8).

24. «Y sucedió cuando Acab oyó estas palabras, rasgó sus vestidos y puso cilicio sobre su carne, ayunó, y durmió en cilicio, y anduvo humillado» (1 Reyes 21.27).

25. «Se levantaron todos los hombres valientes, y tomaron el cuerpo de Saúl y los cuerpos de sus hijos, y los trajeron a Jabes; y enterraron sus huesos debajo de una encina en Jabes, y ayunaron siete días» (1 Crónicas 10.12).

26. «Se levantó luego Esdras de delante de la casa de Dios, y se fue a la cámara de Jonatán hijo de Eliasib; e ido allí, no comió pan ni bebió agua, porque se entristeció a causa del pecado de los del cautiverio» (Esdras 10.6).

27. «El día veinticuatro del mes se reunieron los hijos de Israel en ayuno, y con cilicio y tierra sobre sí» (Nehemías 9.1).

28. «Y en cada provincia y lugar donde el mandamiento del rey y su decreto llegaba, tenían los judíos gran luto, ayuno, lloro y lamentación; cilicio y ceniza era cama de muchos» (Ester 4.3).

29. «Para confirmar estos días de Purim en sus tiempos señalados, según les había ordenado Mardoqueo el judío y la reina Ester, y según ellos habían tomado sobre sí y sobre su descendencia, para conmemorar el fin de los ayunos y de su clamor» (Ester 9.31).

30. «No comí manjar delicado, ni entró en mi boca carne, ni vino, ni me ungí con ungüento, hasta que se cumplieron las tres semanas» (Daniel 10.3).

EN EL NUEVO TESTAMENTO

1. «Jesús les dijo: Acaso pueden los que están de bodas tener luto entre tanto que el esposo está con ellos? Pero vendrán días cuando les será quitado, y entonces ayunaran» (Mateo 9.15).
2. Pero tú; cuando ayunes, unge tu cabeza y lava tu rostro, para no mostrar a los hombres que ayunas, sino a tu padre que está en secreto; y tu padre que ve en lo secreto te recompensará en público» (Mateo 6.17,18).
3. «Y después de haber ayunado cuarenta días y cuarenta noches, tuvo hambre» (Mateo 4.2).
4. «Jesús, lleno del Espíritu Santo, volvió del Jordán, y fue llevado por el Espíritu al desierto por cuarenta días, y era tentado por el diablo, y no comió nada en aquellos días, pasado los cuales, tuvo hambre» (Lucas 4.1,2).
5. «Ayuno dos veces a la semana, doy diezmos de todo lo que gano» (Lucas 18.12).
6. «Donde estuvo tres días sin comer, y no comió ni bebió» (Hechos 9.9).
7. «Entonces Cornelio dijo: Hace cuatro días que a esta hora yo estaba en ayunas; y a la hora novena, mientras oraba en mi casa, vi que se puso delante de mí un varón con vestido resplandeciente, y dijo: Cornelio tu oración ha sido oída, y tus limosnas han sido recordadas delante de Dios» (Hechos 10.30,31).
8. «Ministrando estos al Señor, y ayunando, dijo el Espíritu Santo: Apartadme a Bernabé y a Saulo para la obra a que los he llamado. Entonces, habiendo ayunado y orado, les impusieron las manos y los despidieron» (Hechos 13.2,3).
9. «Y constituyeron ancianos en cada iglesia, y habiendo orado con ayunos, los encomendaron al Señor en quien habían creído» (Hechos 14.23).
10. «Cuando comenzó a amanecer, Pablo exhortaba a todos que comiesen, diciendo: Este es el decimocuarto día que veláis y permanecéis en ayunas, sin comer nada» (Hechos 27.33-37).
11. «En azotes, en cárceles, en tumultos, en trabajos, en desvelos, en ayunos» (2 Corintios 6.5).

12. «En trabajo y fatiga, en muchos desvelos, en hambre y sed, en muchos ayunos, en frío y en desnudez» (2 Corintios 11.27).

PREGUNTAS DE REPASO

1. ¿Cómo se define el ayuno bíblico?
2. ¿Cómo se clasifica el ayuno en forma general?
3. Mencione las dos variedades de ayuno bíblico existentes.
4. ¿Cuáles son los seis propósitos generales de Dios hacia el ayunador?
5. Mencione cuales son las artimañas más frecuentes que utiliza Satanás para desvirtuar el ayuno.
6. ¿Cuáles son las tres formas en que el Señor puede utilizar el ayuno?
7. ¿Dé una breve explicación del porqué el ayuno se puede considerar un factor de crecimiento y multiplicación?
8. De la misma manera explique cómo el ayuno es utilizado por Dios como un instrumento de sanidad y restauración.
9. Mencione algunas recomendaciones generales de cómo prepararse para realizar el ayuno bíblico.
10. ¿Cuáles son los beneficios del ayuno?

SECCIÓN 2

ÁREA MÉDICA

«El organismo vivo elimina sustancias nocivas, repara tejidos dañados y restablece la vitalidad a través de un mecanismo llamado el ayuno»

COMENTARIOS INICIALES

Antes de comenzar a desarrollar esta sección quisiera aclarar dos puntos importantes. Primero: El ayuno es una disciplina espiritual practicada por razones de índole doctrinal, pero también está enmarcada dentro de la práctica terapéutica que muchas clínicas alrededor del mundo ejercen como un medio para recuperar la salud de los que la han perdido.

Mi intención al escribir este capítulo es dar algunas orientaciones generales para aquellos creyentes que por razones de su fe cristiana realizan el ayuno como parte de su vida devocional. Muchos de ellos no tienen ningún conocimiento de lo que esto implica en cuanto a beneficios y riesgos. Esto no quiere decir que no deban acudir a su médico para mayor orientación al respecto. Personalmente les animo a ello.

Como ministro del evangelio y como médico he considerado prudente compartir algunos conocimientos fundamentales (y en forma ordenada) encaminados a la práctica segura de esta disciplina espiritual por parte de aquellos fieles que aceptan el llamado del Señor Jesús a realizarla. Esto evitará que muchos sufran daños en sus organismos por desconocimiento. Mi intención es informar lo cual esta perfectamente enmarcado en el rango de la medicina preventiva.

Segundo: El lenguaje a utilizar en este capítulo será lo más sencillo posible partiendo del hecho de que va dirigido a personas que no dominan el léxico médico por no ser profesionales de la salud. Me propongo que sea comprensible al público en general, no obstante utilicé en algunos momentos términos del uso común dentro de la práctica médica.

DEFINICIÓN

El ayuno es un proceso de desintoxicación a través del cual el organismo elimina una serie de sustancias tóxicas acumuladas en diversas partes del cuerpo humano.

También se puede definir como un proceso de recuperación de vitalidad de un organismo vivo a través de la reparación de tejidos dañados. Esto se lleva a cabo en el ser humano y en los animales inferiores. Por ejemplo, observamos que los perros dejan de comer cuando se enferman y solamente vuelven a ingerir alimentos cuando su propio sistema defensivo (inmunológico) ha restablecido la salud.

CLASIFICACIÓN

La clasificación generalmente usada es la que presentamos en el capítulo anterior con respecto al ayuno en el área bíblica. Esta es: a) total, b) absoluto y c) parcial.

TOTAL

Este tipo de ayuno como mencionamos anteriormente es aquel que se realiza sin la ingestión de alimentos sólidos ni líquidos, pero tampoco agua.

Esto le da una connotación especial desde el punto de vista médico, ya que no puede ser de larga duración, a menos que se trate de un acto sobrenatural de Dios como el caso del ayuno de Moisés.

La razón de esto es porque el cuerpo humano está constituido en un alto porcentaje por líquidos y se requiere de estos para el funcionamiento normal de todo el organismo. Tenemos varios litros de sangre que circulan por todo el cuerpo y que transportan las impurezas para ser filtradas por los riñones. Se pierden grandes cantidades de líquidos a través de la respiración y la piel. Todo esto requiere un mantenimiento a través de la reposición de líquidos y esto se logra al ingerir agua.

Desde el punto de vista médico no se recomienda realizar este tipo de ayuno por más de tres días ya que se corre el riesgo de que se produzca una deficiencia renal por la ausencia de líquidos.

El organismo pone en funcionamiento una serie de mecanismos de adaptación con la finalidad de ahorrar el gasto de líquidos cuando está sometido a un ayuno total. La orina se concentra y por eso presenta una coloración amarilla intensa, el sudor es escaso, etc.

A medida que pasan los días pueden presentarse una serie de síntomas físicos producto de estos procesos de adaptación como son, dolor de cabeza, dolores musculares, debilidad intensa, labios agrietados por la deshidratación de la mucosa, entre otros.

La ingestión de agua es muy importante para el buen funcionamiento del cuerpo humano sobre todo de los riñones que son parte de los órganos que más trabajan durante un ayuno, con la finalidad de eliminar toda una serie de sustancias tóxicas producidas durante el mismo.

Es muy importante establecer aquí que un ayuno de tipo total prolongado no es recomendable desde el punto de vista médico. Muchos creyentes se confunden con el ayuno realizado por el Señor Jesucristo y relatado en Mateo 4. Se establece aquí que el Señor después de 40 días tuvo hambre, no sed. Como explicamos en el capítulo anterior el tipo de ayuno que el Señor efectuó fue de tipo absoluto y no total.

Desde el punto de vista fisiológico, cuando el organismo presenta dos necesidades como la sed y el hambre, satisface la primera pues necesita hidratarse. El cuerpo humano fue creado por Dios para estar muchos días sin comer (alimentándose de las reservas energéticas que posee), pero pocos días sin agua.

ABSOLUTO

Es el tipo de ayuno más utilizado en las clínicas de ayuno terapéutico. Consiste en ingerir solamente agua, pero ninguna clase de alimentos sólidos o líquidos. Este si es un ayuno que se prolonga por muchos días pudiendo llegar a durar cuarenta o más días consecutivos.

Cuando el organismo humano está bajo los efectos de un ayuno de tipo absoluto se desencadenan toda una serie de mecanismos curativos a medida que transcurren los días. Es así, como en los primeros siete días se intensifica el proceso de desintoxicación en el cual se eliminan toda una serie de sustancias tóxicas para el cuerpo humano. El peso que se pierde en estos primeros días es principalmente a expensas de líquidos retenidos en el organismo.

Luego de los siete días comienzan a desencadenarse otros mecanismos curativos encaminados a reparar tejidos dañados y a recuperar la vitalidad de cada órgano que por el exceso de trabajo se ha desgastado.

PARCIAL

Es el que se realiza ingiriendo un tipo específico de alimentos o suprimiendo alguna de las comidas del día. Es excelente y recomendable para aquellas personas que por motivos de salud requieren ingerir medicamentos en forma permanente.

Al realizar este tipo de ayuno le permitirá integrarse a su práctica y al mismo tiempo no suprimir la ingestión de medicamentos necesarios con la esperanza de que Dios haga el milagro de sanidad.

El Señor no hace acepción de personas y nos brinda una variedad de ayunos a nuestro alcance para que los practiquemos y busquemos su rostro en comunión profunda. Recordemos que lo más importante no es la variedad ni la duración sino el motivo del corazón que nos impulsa a ayunar.

Desde el punto de vista médico también existe una clasificación general que ha sido utilizada por los pioneros en la investigación y práctica del ayuno a nivel terapéutico. En la actualidad, algunos médicos no están de acuerdo con la utilización de la misma como parámetro a utilizar para romper el ayuno, pero se puede utilizar con fines didácticos para representar mejor el curso de los cambios metabólicos que se suceden en el organismo durante un ayuno.

Esta clasificación clásica del ayuno comprende dos tipos:

a) **Completo**

b) **Incompleto**

Completo

Hablamos de esta variedad de ayuno cuando se utilizan la totalidad de las reservas energéticas que dispone el organismo para su mantenimiento sin producir daños corporales al mismo. Los higienistas utilizan este término para denotar que el cuerpo ha alcanzado su estado más alto posible de purificación a nivel celular. Este proceso se lleva a cabo más o menos entre cuatro a cinco semanas, a menos que la persona no tenga suficientes reservas para ello.

Es aquí donde algunos médicos no están de acuerdo en esperar llegar a este punto para decidir romper un ayuno tan prolongado. Sin embargo, clínicas de ayuno lo realizan con frecuencia basados en una buena supervisión de los ayunadores. Todo depende de la experiencia que posean los que supervisan el ayuno en cuanto al reconocimiento de los signos y síntomas que envía el cuerpo humano cuando se le agotan las reservas energéticas.

Incompleto

Es cuando un organismo utiliza solo una parte de la totalidad de las reservas energéticas que posee durante el proceso del ayuno. Esto puede presentarse cuando se realizan ayunos cortos de tres o siete días, por ejemplo.

Para los higienistas es cuando una persona tiene que efectuar una serie de ayunos a lo largo de un período de tiempo para llegar a completar el proceso de purificación celular en su cuerpo, por no tener reservas energéticas suficientes para realizar un ayuno completo.

Este punto será explicado con más detalles cuando desarrollemos lo referente a las reservas energéticas en la sección tres en el área de la nutrición.

BREVE DESCRIPCIÓN ANATÓMICA
DEL APARATO DIGESTIVO

Un aparato se define como un conjunto de partes que actúan para realizar una función. Este es el caso del aparato

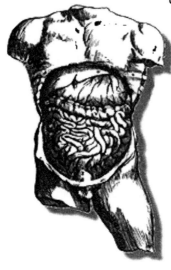

digestivo el cual está conformado por diversos órganos para realizar la función digestiva.

Está constituido por la boca (donde comienza), las glándulas parótidas y salivales, el esófago, el estómago, el páncreas, el hígado (con la vesícula biliar), el duodeno, el colon ascendente, transverso y descendente, el yeyuno, el íleon y el ano como la parte donde finaliza.

Es muy importante pues durante un ayuno la mayoría de estos órganos están implicados directamente en los procesos metabólicos que se desencadenan como parte del mismo.

FISIOLOGÍA BÁSICA DEL APARATO DIGESTIVO

Cuando hablamos de fisiología nos referimos, en este caso, al funcionamiento normal que tiene el aparato digestivo. Un organismo sano funciona realizando las funciones para las que normalmente fue diseñado, decimos entonces que funciona normalmente, o sea, fisiológicamente.

La principal función de este aparato es por supuesto el digerir los alimentos que son introducidos a su interior para absorber los nutrientes necesarios para el mantenimiento del cuerpo humano y el desecho de las sustancias no asimilables por el mismo.

A través de contracciones especiales que se producen en el tubo digestivo, se realiza el trasporte del material ingerido desde el extremo proximal (la boca) hasta el distal (el ano).

La digestión comienza en la boca cuando son introducidos los alimentos en ella y se mezclan con la saliva al realizar la masticación. El bolo alimenticio, preparado en la boca, es transportado luego al estómago a través de la faringe y el esófago. El reflejo de la deglución se activa para que esto ocurra y una vez que el bolo penetra en la oro-faringe, se ocluyen los conductos laríngeo y nasal para evitar que pase al sistema respiratorio. Una vez llegado el bolo alimenticio al estómago comienzan a producirse una serie de contracciones que favorecen que el alimento se deshaga en partículas cada vez más finas y se mezcle con el jugo gástrico. Es así como los alimentos licuados, llamados quimo, pasan al duodeno a través de un esfínter denominado el píloro.

En el duodeno se favorece la mezcla y la homogeneización continúa del alimento con las enzimas digestivas. Dado que el intestino es un tubo relativamente estrecho, pero largo (3,6 a 6 metros) y con muchas asas recurvadas, no cabe duda que el espacio que le corresponde en la cavidad abdominal se utiliza de un modo eficaz.[1]

La digestión y absorción de los lípidos, proteínas y carbohidratos de origen alimentario se produce en el duodeno y en el yeyuno con una eficacia notable. La absorción se realiza a través de las vellosidades intestinales.

En esta porción proximal también se absorben, en forma máxima, el calcio, hierro de origen alimentario y ácido fólico. La mayor parte de las sales biliares y de la vitamina B12 se absorben en el íleon; en el colon se produce una absorción eficiente de agua, sodio, cloro y bicarbonato.

La mayor parte de las grasas de origen alimentario están formadas por tri-glicéridos que no se absorben bien en el intestino delgado a menos que previamente se les someta a unos procesos especiales dentro del aparato digestivo. Las sales biliares, sintetizadas en el hígado y secretadas a la bilis, desempeñan un papel crucial en la solvatación de la mezcla compleja de productos grasos (provenientes del estómago) para su absorción en el intestino.

La mayoría de los carbohidratos de la dieta están formados por almidón, sacarosa y lactosa. Estos son digeridos eficazmente a nivel intestinal por enzimas (amilasas) de origen salival y pancreático.

La digestión de las proteínas de la dieta requieren de un proceso más complejo el cual se inicia en el estómago y que requiere de la secreción de enzimas pancreáticas llamadas proteasas. Estas últimas se secretan en forma de precursores inactivos que deben activarse para poder a su vez estimular la producción de otras sustancias enzimáticas que realizan en conjunto la digestión de las proteínas de la dieta.

El contenido intestinal es pasado al colon derecho (ascendente), luego al colon transverso y posteriormente al pélvico (descendente). A través de las contracciones (peristálticas) del colon se desplazan las heces hacia el recto provocando la necesidad de defecar. Si el sujeto voluntariamente accede a satisfacer esta necesidad fisiológica ocurre la apertura del esfínter anal para la evacuación del contenido rectal.

CAMBIOS METABÓLICOS PRODUCIDOS DURANTE EL AYUNO

Nuestro organismo tiene un funcionamiento normal a expensas de producir energía para desplazarse y calor para mantenerse a partir de los nutrientes que toma del medio ambiente, o sea, de los alimentos.

Pero también existe otra forma de obtener estos nutrientes y es a partir de los que posee en las reservas almacenadas en sus depósitos. Esto produce una serie de cambios de adaptación importantes encaminados a permitir que el organismo realice sus funciones normales con el menor gasto de energía posible. Esto es lo que sucede cuando el organismo entra en ayuno de tipo absoluto (ingiriendo solamente agua).

Uno de los cambios más importantes que se observan al poco tiempo de iniciado el ayuno es que la producción de las enzimas digestivas desaparecen. Las enzimas hepáticas que favorecen las transformaciones de los nutrientes que llegan del intestino en forma de proteínas plasmáticas, lípidos y lipo-proteínas desaparecen. Quizás esto se deba a que el organismo reconozca que no se van a utilizar mientras el cuerpo está en ayuno.

Durante las primeras dos semanas del ayuno se utilizan las proteínas musculares en una buena proporción para suplir los requerimientos de un azúcar especial llamada glucosa con la cual funciona el cerebro humano. Pero a medida que transcurren los días el cuerpo realiza una serie de cambios para adaptarse que tienden a disminuir la utilización de proteínas musculares.

Uno de los cambios de adaptación más importantes que el cuerpo realiza durante un ayuno prolongado (veintiocho días, por ejemplo) es que el cerebro humano comienza a utilizar cuerpos cetónicos (elementos grasos) en vez de glucosa (que es un tipo especial de azúcar) y esto permite que la persona se mantenga consciente, o sea, con la capacidad de pensar adecuadamente durante el ayuno. Esto permite que se utilice más las grasas que las proteínas musculares.

Otro cambio importante es que el organismo trata de utilizar la menor cantidad de energía posible por lo cual realiza los ajustes necesarios para que la misma se distribuya adecuadamente durante todo el día. Por esta razón no se recomienda realizar esfuerzos grandes durante el ayuno como por ejemplo caminatas largas o ejercicios físicos intensos.

SÍNTOMAS DURANTE EL AYUNO

Definición de síntoma: es la manifestación de una alteración orgánica o funcional apreciable por el médico o el enfermo.

Esto quiere decir que el cuerpo humano envía señales cuando su funcionamiento se altera por alguna causa. Sin embargo, durante un ayuno se introduce una nueva perspectiva con referencia a los mismos.

Existe una «sintomatología propia del ayuno» y que necesariamente debe ser conocida y manejada a través de la experiencia para poder reconocerla y compararla con los síntomas «anormales» que manifiestan un real trastorno orgánico o funcional diferente a los que usualmente se observan durante el ayuno.

Este punto es conflictivo ya que un médico no adiestrado en la supervisión de ayunos no sabrá reconocer como normales los síntomas que presenta una persona bajo el mismo. Su único patrón de referencia serán los síntomas patológicos (anormales) que está acostumbrado a observar en sus pacientes enfermos bajo su práctica médica diaria.

Personalmente aprecié este proceso cuando comencé a supervisar cristianos (en 1986) de diferentes denominaciones que acudían para ayunar en los retiros que como ministro organizaba en Venezuela (y otros países) a través de Misiones Valle de la Decisión.

Mi esposa Nelly y yo comenzamos a observar a las personas en ayuno, determinando los síntomas que presentaban, tomando los signos vitales, pesándolos y midiéndolos, auscultándolos, tomando muestras de sangre y orina, y realizando encuestas sobre los síntomas que presentaban a medida que pasaban los días en ayuno. Todo eso nos permitió entender que el ayuno en sí mismo tiene su propia sintomatología, y que no se debe a alteraciones patológicas. Al principio, al observar un síntoma como cefalea (dolor de cabeza) pensábamos en una posible crisis hipertensiva, migraña o cualquier otra patología (enfermedad).

Para nuestra sorpresa observamos con el tiempo que muchos de estos síntomas se presentan principalmente por dos razones:

A)   Como manifestación del proceso mismo de desintoxicación que ocurre durante el ayuno y,

B)   Como parte de lo que algunos médicos expertos en la supervisión de ayunos terapéuticos han denominado «crisis curativas».

A. SÍNTOMAS PRODUCIDOS POR EL PROCESO DE DESINTOXICACIÓN DURANTE EL AYUNO

Para recopilar esta información elaboramos una ficha especial en la cual solicitábamos a los ayunadores que indicaran cuales síntomas presentaban a medida que pasaban los días en ayuno. Por supuesto esto lo realizábamos bajo el consentimiento voluntario de los que participaban por razón de su fe cristiana en estos ayunos. La duración de los mismos varió entre uno a cuarenta días con la ingestión de agua solamente. El número de participantes fue aproximadamente de unas diez mil personas lo cual consideramos suficiente como para aportarnos algunos datos claros sobre la casuística (frecuencia) de estos síntomas. Los síntomas que se presentaron con más frecuencia fueron los siguientes:

Sueño
Interrumpido en la mayoría de las veces. Las personas se despertaban varias veces en la noche y luego se volvían a dormir. Otras personas presentaban insomnio en algunos de los días del ayuno. En promedio, el número de horas de sueño disminuyó a unas seis por día. Esto llamaba la atención de algunos ayunadores que se despertaban más temprano de lo que usualmente lo hacían pero con la diferencia de que se levantaban con mucho entusiasmo.

Otro grupo de personas mantenían un sueño profundo. Esto lo observamos especialmente en personas que con cierta frecuencia ingerían medicamentos para dormir. Por supuesto no lo ingerían durante el ayuno porque no les hacia falta. Muchos de ellos no los utilizaron más después de esta experiencia.

Muchas personas presentaban somnolencia durante el día (mañanas o tardes) acompañada de debilidad ligera. Nos dimos cuenta que la mayoría de las veces coincidía con el tiempo en el cual el organismo realizaba cambios adaptativos a su nueva condición. Esto tenía una corta duración y generalmente pasaba después de un corto período de descanso.

Temperatura corporal
Observamos que las personas tendían a sentir frío. En general, la temperatura corporal se mantenía dentro de los límites

normales pero en otros su temperatura disminuía entre 0,5 a 1,0 grados centígrados. Esto ocurría principalmente en personas que padecían enfermedades crónicas (por largos períodos de tiempo), pero a medida que transcurrían los días de ayuno la misma alcanzaba los límites normales.

Hambre y apetito

El hambre es la NECESIDAD corporal de ingerir nutrientes para el mantenimiento del mismo. En cambio el apetito es el DESEO mental de ingerir algo sin estar en relación con la necesidad corporal. Por ejemplo, hemos escuchado frases como «tengo sed de una bebida en particular». Cuando tenemos verdadera sed solo la satisface el agua.

Durante los primeros dos días hay un fuerte deseo de comer por lo cual podemos entender que más que hambre se trata de apetito. Nuestro cuerpo ha sido acostumbrado culturalmente a ingerir alimentos a ciertas horas del día que se adaptan a nuestro horario de trabajo o de estudios.

Esto trae como consecuencia que cuando no comemos a la hora acostumbrada nuestra mente nos lo recuerda enviando algunas señales correspondiente al condicionamiento al cual hemos estado sometidos. Por eso escuchamos estas frases «si no como a determinada hora se me quita el hambre» o «me duele la cabeza» o «me siento débil».

Durante los tiempos de ayuno el grupo compartía una actividad en las horas de las comidas y al distraerse no sentían ese deseo mental.

A partir del tercer día esa sensación disminuye enormemente y en algunos casos desaparece en su totalidad. Pero lo usual es que desaparezca con toda seguridad entre el cuarto y quinto día incluso se puede presentar náuseas y vómitos si los alimentos se ven o huelen.

La necesidad de comer desaparece debido a que una vez que el cuerpo reconoce que está en ayuno envía una señal al cerebro para que se desencadenen una serie de cambios encaminados a permitir que el cuerpo se mantenga a expensas de las reservas y no de los alimentos que se ingieren. Entre estos cambios está la aparición de los cuerpos cetónicos (elementos grasos) en la sangre. Esto ocurre a partir del cuarto día como promedio.

Pulso

Pudimos observar que es muy variable pero que usualmente se mantiene dentro del rango normal. Algunas veces se incrementó hasta alcanzar las ciento veinte pulsaciones por minuto pero se normalizó pasado un período corto de tiempo.

En el caso de personas que tenían enfermedades crónicas, el pulso tiende a mantenerse bajo pudiendo llegar a cuarenta pulsaciones por minuto en los primeros días del ayuno, y luego se va incrementando hasta alcanzar sesenta (o más) por minuto.

Peso

Usualmente se pierde peso rápidamente en los primeros días del ayuno sobre todo en las mujeres obesas. Algunos estudios indican que es a expensas de líquidos principalmente y no de las proteínas que constituyen las masas musculares.[2]

Se puede llegar a perder hasta 4,5 Kg de peso en un ayuno de tres días y hasta 9,0 Kg en uno de siete días. Estas son cifras promedio entre todos los ayunadores supervisados.

Una excepción a esta regla la observamos en ayunos de corta duración (tres a siete días) cuando tres mujeres (dos jóvenes y una adulta) aumentaron de peso ingiriendo solo agua. No hay una explicación clara al respecto pero otros investigadores lo han reportado como el Dr. Carrington por ejemplo.[3]

Piel

Usualmente se pueden ver erupciones acompañadas de prurito (picazón) en algunas partes del cuerpo en especial en aquellas personas que sufren de alergias. Generalmente aparecen y desaparecen rápidamente.

Cabeza

Principalmente se siente dolor de cabeza (cefalea) en ambas sienes de tipo pulsátil. A veces una sensación de peso en la parte posterior de la cabeza (occipucio).

Ojos

Algunas personas presentan ligero enrojecimiento en los ojos acompañado de una ligera sensación de molestia. También en algunos casos se observó eliminación de algunas secresiones de color amarillenta especialmente durante la mañana al levantarse.

Oídos

Principalmente se presentan sonidos agudos o zumbidos que se alternan en su ubicación. Unas veces en el oído derecho y otras en el izquierdo variando aun en el mismo día.

Nariz

La mayoría de las veces se observa una gran eliminación de secresiones sobre todo durante la mañana debido a que esta zona está recubierta (en su interior) por una capa llamada mucosa la cual tiene como función principal la producción de moco.

El ayuno es un proceso de eliminación de toxinas por lo tanto en todo lugar donde se encuentre mucosa se producirá gran cantidad de esta sustancia.

También se observa en algunos casos obstrucción nasal alternante en ambas fosas nasales.

Boca

El síntoma principal que se observa es la halitosis o mal aliento. Esto se debe a los cambios metabólicos que el cuerpo experimenta para adaptarse al proceso de ayuno y a la cantidad de toxinas que se eliminan a través del sistema digestivo y el respiratorio. Este tipo de aliento también es conocido como aliento cetónico.

También se observa generalmente la lengua saburral, o sea, cubierta con una capa gruesa y blanquecina. De la misma manera puede observarse una capa amarillenta o verdosa dependiendo del nivel de tóxicos acumulados en el cuerpo y de la intensidad del proceso de eliminación que se está llevando a cabo en el mismo durante el ayuno.

La salivación disminuye en los primeros días lo que estimula la ingestión de agua por parte de los ayunadores. Durante la etapa final de un ayuno prolongado (40 días, por ejemplo) se observa lo contrario. La salivación aumenta considerablemente como una señal de que las reservas energéticas están por finalizar y el ayuno también.

Algunas veces se presenta sabor amargo o metálico en la saliva pero desaparece en poco tiempo.

Otros síntomas observados son dolor leve en las encías acompañados de ligera inflamación. En algunas ocasiones tomamos muestras de cálculos (piedras) dentales que eran removidos de las encías de algunos ayunadores cuando estos se cepillaban los dientes.

Es bueno indicar en este punto que recomendamos no utilizar pasta dental para cepillarse los dientes durante el ayuno porque el organismo la reconoce como una sustancia extraña por sus componentes, lo cual intensifica los dolores de cabeza. Además, al introducir en la boca algo diferente al agua de inmediato se estimula la producción de jugos gástricos.

Esto último puede traer diversas reacciones: si es al comienzo del ayuno se estimula el apetito y si es después de varios días (más de siete por ejemplo) se producen náuseas, vómitos o en el mejor de los casos ruidos en el abdomen (borborismos) con desplazamientos de gases.

Garganta

Si tomamos en cuenta que la garganta es la primera entrada de las bacterias y virus al tracto digestivo, podemos entender entonces que los sistemas defensivos que se encuentran ubicados en las regiones adyacentes se estimularan durante un ayuno para no permitir el paso de los mismos. Algunos de estos son las amígdalas palatinas, faríngeas, lingual y los folículos linfáticos adyacentes.

Por eso el principal síntoma que observamos es el ardor leve acompañado algunas veces de ligera inflamación en las amígdalas palatinas. Esto lo observamos de manera predominante en aquellas personas con problemas alérgicos o que padecían de amigdalitis crónica.

Aparato respiratorio

Tos productiva o sea acompañada de expectoración de secresiones principalmente durante la mañana. Esta expectoración variaba en cantidad y en intensidad de color. En personas que habían sido fumadoras se elimina una expectoración de color marrón oscuro y abundante en los primeros siete días para luego ir cambiando a un color más claro.

En las personas que han sufrido de asma, bronquitis o problemas crónicos a nivel respiratorio se observa la eliminación abundante de secreciones de color amarillo-verdoso claro. Recordemos que el tracto respiratorio está recubierto por la mucosa respiratoria y que una de sus funciones primordiales es producir secreciones para lubricar y eliminar a través de ella sustancias tóxicas que entran al mismo. Esto está ayudado por unas pequeñas vellosidades que se llaman cilios y que realizan un movimiento de abajo hacia arriba para desplazar las secreciones a eliminar.

Lamentablemente en los fumadores este movimiento se pierde pues la nicotina barre (destruye) los cilios. Durante un ayuno el organismo intensifica la eliminación de sustancias tóxicas acumuladas en el tracto respiratorio incluyendo restos de nicotina por lo que es utilizado en algunas clínicas y centros en el mundo para ayudar a muchas personas a dejar de fumar.

Otro síntoma que se observa comúnmente es una ligera dificultad respiratoria a medida que pasan los días del ayuno. Esa sensación leve está localizada en el centro del pecho (final del esternón) y se debe a que el ph de la sangre cambia (se torna ligeramente más ácida) y produce como respuesta un cambio adaptativo que consiste en una respiración más superficial y abdominal.

Óseo-muscular (Articulaciones y extremidades).

A partir del segundo día del ayuno se pueden presentar ligeros dolores musculares en especial en la espalda o en las piernas. Esto se puede explicar a expensas de los cambios metabólicos que se están produciendo en el organismo para adaptarse a su nueva condición, pues ahora reconoce que necesita tomar sus nutrientes de sus reservas. El Dr. Cahill Jr.[4] explica que se debe al uso de las proteínas musculares como fuente de energía y que este proceso va disminuyendo a medida que el cuerpo comienza a utilizar las grasas en vez de las proteínas.

Algo que hicimos para comprobar esto fue tomar a dos grupos de ayunadores. Uno que se mantenía acostado y otro que realizaba caminatas muy ligeras dos veces al día. El resultado fue el siguiente: Los ayunadores del grupo dos (caminata ligera) presentaban menos dolores musculares que los integrantes del grupo uno. Quizás por el hecho de que tenían que utilizar principalmente sus miembros inferiores lo que evitaría el desgaste de las proteínas que las constituían. Evidentemente lo de la caminata corta queda a elección del ayunador y del que lo supervisa. Todo depende de su estado de salud y de la experiencia del que lo dirige.

Otros síntomas que se pueden observar durante el ayuno en esta área son: adormecimiento leve en las piernas, y frialdad en manos y pies. Esto último se puede corregir con la utilización de medias gruesas o guantes.

Aparato cardiovascular

Principalmente se observan palpitaciones al cambiar de posición. Esto se presenta como respuesta a una mayor demanda de flujo sanguíneo por lo que el corazón aumenta el número de sus palpitaciones por minuto. Mareos leves que pueden llegar a ser lipotimias reactivas, o sea, desmayos ligeros. Esto se observa cuando las personas cambian de posición bruscamente, después de varios días de ayuno, lo que produce un mareo ligero o debilidad acompañada de visión oscura que obliga a que el ayunador busque dónde sentarse. Esto se debe a que en el cuello (carótidas) existen unos receptores de presión (llamados baro-receptores) que captan los diversos cambios que se producen en la presión sanguínea. Cuando la presión disminuye se dispara una orden refleja para que el corazón bombee más sangre al cerebro y este pueda oxigenarse adecuadamente permitiéndole realizar sus funciones normalmente. Este reflejo durante un ayuno está más lento debido a que la presión arterial disminuye también. Luego, cuando una persona cambia de posición en forma brusca no le da tiempo suficiente a los baro-receptores para que se establezca este reflejo compensatorio.

Otro síntoma que podemos observar con frecuencia es debilidad en ciertos momentos del día y que son de corta duración. Se deben principalmente a cambios adaptativos del cuerpo. Con un descanso ligero desaparecen o también al tomar una ducha ligera.

Aparato gastrointestinal

Este es el que presenta mayor número de síntomas quizás por ser el más agredido con abundantes alimentos artificiales, irritantes, colorantes y muchas veces sin un horario fijo. También podemos sumar a todo esto la ingestión frecuente de medicinas de tipo antiácidos, anti-flatulentos, digestivos, etc.

El ardor estomacal se ve con frecuencia en aquellas personas que sufren de gastritis. Esto es ligero (o un poco más intenso) durante los primeros días y luego va cediendo a medida que pasan los días del ayuno como una señal de que se ha restablecido la salud de la mucosa gástrica. Se pueden presentar algunos dolores de tipo cólico, acidez estomacal, flatulencia (gases), eructos leves, hipo, náuseas y vómitos principalmente durante los primeros siete días cuando el proceso de desintoxicación es más intenso. Pero hago la observación de que esto se puede disminuir (y hasta evitar) con la realización de una dieta previa que explicaré en el capítulo tres.

En algunos casos especiales pudimos reportar que algunos ayunadores presentaron diarreas los primeros días del ayuno. Esto lo podemos explicar como parte del proceso de exoneración (eliminación) de sustancias tóxicas que se lleva a cabo durante un ayuno.

Es extraordinario ver como el cuerpo humano fue diseñado por el Señor con una serie de mecanismos defensivos encaminados a mantenerlo saludable. Por ejemplo: la fiebre, el vómito y la diarrea entre otros.

Durante un ayuno el organismo pone en funcionamiento todos los mecanismos naturales con los cuales fue diseñado para restablecer la salud en todos aquellos órganos dañados o tejidos que necesitan reparación.

Por eso, los primeros catorce días (según médicos expertos en la supervisión de ayunos terapéuticos) el organismo establece un proceso de eliminación de toxinas en forma intensa, especialmente en los primeros siete días.[5]

Luego, a partir de las tres semanas, se producen profundos cambios encaminados a sanar tejidos dañados y restablecer la salud y vitalidad del organismo, llevándolo a un funcionamiento normal y efectivo.

La mayoría de los reportes médicos de casos clínicos en los cuales se observaron curación o mejoría sustancial de problemas de salud grave, se realizaron después de veintiún días bajo supervisión médica.

Aparato genitourinario

Los riñones son uno de los órganos más necesitados (al igual que el hígado) durante un ayuno. Cumplen la función de filtrar los varios litros de sangre que circulan por el cuerpo humano y de limpiarla de las impurezas que contienen. Estas pasan a la vejiga urinaria a través de dos conductos llamados uréteres. De la vejiga salen al exterior a través de otro conducto denominado uretra el cual es más largo en el hombre que en la mujer por razones anatómicas.

Uno de los síntomas que más nos llamó la atención fue que la orina tuviera olor a medicina en aquellas personas que las habían ingerido varios meses (hasta años) antes. Es como si todo lo que quedó almacenado en el cuerpo fuera removido de los tejidos y filtrado por el riñón para ser eliminado del organismo y así sus posibles efectos nocivos para la salud.

Tomamos varias muestras de orina y comprobamos por análisis de laboratorio la presencia de antibióticos, analgésicos, antirreumáticos y otra serie de sustancias que habían sido ingeridas tiempo antes por los ayunadores.

Es usual que personas con problemas de cálculos renales, o tendencia a formarlos, presenten eliminación de los mismos o de sustancias que los componen durante el ayuno.

Aparato ginecológico

Tres síntomas son los más resaltantes en esta área según nuestro hallazgo.

Es muy frecuente (y normal) que aparezca la menstruación durante un ayuno aunque falte tiempo para que se cumpla la fecha esperada. La menstruación es un fenómeno fisiológico de la vida sexual femenina por el cual se elimina periódicamente la caduca uterina (células que recubren internamente el útero) con flujo sanguíneo.[6]

Es un proceso de eliminación y, como vimos anteriormente, todos ellos son favorecidos por el ayuno. Esto pudiera explicar que la menstruación se adelante durante la realización de un ayuno.

La aparición de flujo vaginal también es muy frecuente durante la realización de un ayuno. Quizás se deba a que el útero está recubierto de una capa de células mucosas que normalmente producen secreción pero que se ve incrementado durante el ayuno.

Hemos observado que las mujeres que padecen problemas crónicos de tipo inflamatorio en los ovarios o en las trompas de falopio, son unas de las que más flujo vaginal eliminan. Hemos observado que estos problemas mejoran mucho en aquellas mujeres que practican con frecuencia el ayuno.

En aquellas mujeres que sufren de dismenorrea, o sea, dolores menstruales intensos con ciclos alterados, el dolor disminuye y los ciclos se normalizan bastante si realizan con cierta frecuencia el ayuno.

B. SÍNTOMAS COMO PARTE DE LA CRISIS CURATIVA

Estos se manifiestan durante la desintoxicación y reparación de órganos y tejidos del cuerpo en aquellas personas que presentan casos de enfermedad aguda o crónica.

Empezamos a observar como si el cuerpo tuviera una «memoria» de las enfermedades sufridas en el pasado y que no han sido resueltas en su totalidad. Las personas por ejemplo que sufrieron de asma, artritis o gastritis en el pasado, presentaban ahora durante el ayuno los mismos síntomas de antes pero más leves y con una duración más corta.

Algunas personas presentaban estornudos frecuentes, erupciones en la piel, secreciones nasales abundantes en un corto período de tiempo que desaparecían luego totalmente. ¡El cuerpo se estaba encargando de sanar con sus propios medios algunos problemas de salud!

Los médicos expertos en la supervisión de ayunos terapéuticos dicen que tales crisis pueden deberse a la descarga en el torrente sanguíneo de subproductos enfermos que se ha producido a su vez por el envenenamiento a partir de lo que ingerimos y de lo que se ha acumulado en diversas partes del cuerpo humano a través de los años.

Observamos en la mayoría de los casos que estos síntomas eran tolerables por las personas y que la duración de estos era corta (algunas horas) por lo cual nos mantuvimos expectantes a lo que ocurría pero sin romper el ayuno. Luego estos síntomas desaparecían y no volvían a regresar.

Con el tiempo aprendimos que no es recomendable interrumpir el ayuno durante una crisis curativa a menos que agote a la persona (prolongándose por mucho tiempo) o ponga en peligro su vida. Se presentaron pocos casos en los cuales tuvimos que recomendar la suspensión del ayuno durante una crisis curativa o de sanidad.

Es bueno advertir a los que ayunan que durante el mismo la eliminación de sustancias tóxicas puede ser tan profunda que en algunos casos puede llegar a presentarse una crisis curativa. Esto les permitirá no alarmarse y entender lo que está pasando en su cuerpo. De todos modos mi recomendación es que avise a su médico sobre cualquier situación extraña que usted observe. Otra recomendación es que si va a ayunar en forma prolongada (por razones de índole doctrinal o de salud) siempre tenga alguien experimentado en esta área que le supervise.

CÓMO PREPARARNOS PARA REALIZAR EL AYUNO

Para que tengamos éxito en lo que deseamos realizar tenemos que tener previamente alguna información al respecto, algunos conocimientos que nos sirvan de referencia y así evitar errores innecesarios. Lo mismo ocurre con el ayuno.

Cuando mi esposa Nelly y yo comenzamos a ayunar en 1985, cometimos muchos errores por desconocimiento de este campo. Aunque somos médicos de profesión, tuvimos que aprender todo desde un principio. Existen algunas recomendaciones generales que se pueden dar a aquellos que por razones de su fe cristiana van a realizar un ayuno.

Determine la duración de su ayuno

Dependiendo de esto van a variar las precauciones a tomar. Por las vivencias en estos años he observado como miles de personas de varias denominaciones realizan ayunos absolutos (ingiriendo solamente agua) por períodos que varían de tres a siete días. En líneas generales (las personas que gozaban de buena salud) no presentaron mayores dificultades durante este tiempo.

Sin embargo, para todo ayuno mayor de tres días, recomiendo que consulte a su médico para que le realice una evaluación previa al ayuno. Esta incluye una historia completa de su salud, o sea, una evaluación de las enfermedades que ha padecido, lesiones y tratamientos recibidos. Luego se realiza una recopilación de todos estos síntomas que usualmente la persona presenta y de los tratamientos que tomó para controlarlos. Una historia familiar es también de gran interés para determinar enfermedades hereditarias así como las tendencias a contraerlas. La evaluación también debe incluir un apropiado examen físico y algunas pruebas de laboratorio. Estas pueden ser: hematología completa, glicemia, urea, creatinina (para determinar el funcionamiento renal), transaminasas SGOT y SGPT (para determinar el funcionamiento hepático), triglicéridos, colesterol y orina.

Estos procedimientos le darán suficiente información al médico o supervisor para determinar si el ayuno es el indicado. También le provee una línea base que puede ser usada para establecer individualmente la normalidad para cada persona.

En caso de que usted repita los análisis de orina y sangre después que finalice el período de readaptación de su ayuno (véase el capítulo tres), observará los cambios producidos en los valores de los mismos. Esto mostrará los beneficios obtenidos en su ayuno.

La línea base permite diferenciar una crisis curativa de un compromiso fisiológico. Por ejemplo, una persona que desarrolla una arritmia (ritmo anormal de los latidos del corazón) en el día catorce de su ayuno, puede ser tratado de manera muy diferente de otra que comenzó su ayuno con esa misma

condición. Por eso también es recomendable realizarse un electrocardiograma el cual dará una orientación general (pero valiosa) sobre cómo está el estado de funcionamiento de su corazón.

Determine el tipo de ayuno que va a realizar
Recuerde que en general hay tres tipos de ayuno: total, absoluto y parcial.

Usualmente el tipo de ayuno que realizan los creyentes para ayunar es el absoluto, esto es, ingiriendo solamente agua. Pero si padece de alguna enfermedad que amerite ingerir medicamentos en forma permanente, le sugiero realizar el ayuno de tipo parcial o sea ingiriendo frutas o sus jugos recién extraídos, y que consulte con su médico.

Si sufre de constipación (estreñimiento) le recomiendo que dos días antes de comenzar el ayuno ingiera un laxante suave, o se aplique un enema con agua de manzanilla. Esto permite vaciar el contenido del intestino grueso lo que disminuirá los síntomas durante el ayuno.

RECOMENDACIONES GENERALES DURANTE EL AYUNO

Es importante conocer algunos datos que repercutirán beneficiosamente en la realización del ayuno.

Ingestión de agua. Tome agua solamente en caso de estar realizando un ayuno de tipo absoluto. Puede ser agua mineral (puede o no tener gas) o agua destilada. Tome la cantidad que desee y de acuerdo a como su cuerpo se lo exija. Esto varía de persona a persona y de acuerdo al número de días del ayuno. Tómela a temperatura ambiente y lentamente.

El agua destilada es la variedad más utilizada por la mayoría de los creyentes y por las diversas clínicas de ayuno terapéutico que existen en el mundo. Este es el tipo de agua recomendada para ingerir durante el ayuno pero si hay problemas para obtenerla recomiendo el uso de agua mineral, ya sea con gas o sin este. Otro tipo de agua utilizado es la que contiene sabores a frutas.

Hay quienes cambian de un tipo de agua a otro a medida que transcurren los días del ayuno si este es prolongado. En caso de realizar un ayuno absoluto no se recomienda añadirle limón u otras sustancias al agua para cambiarle el sabor pues usualmente esto estimula la producción de jugos gástricos.

Recuerde que si usted está realizando un ayuno de tipo absoluto lo único que puede introducir en su boca es el agua como combustible para su organismo.

Si está realizando un ayuno de tipo parcial puede ingerir jugos de frutas o vegetales. Recuerde que estos deben ser recién extraídos para que no sufran el proceso de oxidación, el cual les hará perder su valor nutritivo.

Evite movimientos bruscos al cambiar de posición, recuerde que esto produce mareos o incluso ligeros desmayos.

No realice ejercicios físicos intensos. Solamente ligeras caminatas se permiten durante el ayuno. Esto es para evitar agotar sus reservas energéticas.

Tome baños de sol pero no en forma prolongada. Recuerde que durante un ayuno la piel está funcionando al máximo en la eliminación de toxinas y se hace un poco más sensible. Las mejores horas para tomar los baños de sol son en la mañana y al atardecer cuando los rayos solares no son tan intensos.

RECOMENDACIONES DESPUÉS DEL AYUNO

En el área médica se pueden tomar en consideración algunas recomendaciones generales para prolongar los beneficios del ayuno.

Recuerde que durante el ayuno su cuerpo experimentó un proceso intenso de desintoxicación y sus órganos han descansado de la gran actividad a la cual fueron sometidos por años.

Estas recomendaciones son las siguientes:

Alterne períodos razonables de trabajo y descanso. Dios diseñó nuestro cuerpo con la capacidad de mantenerse en actividad 16 horas al día pero necesita descansar (durmiendo) unas 8 horas como promedio. No fatigue su cuerpo innecesariamente.

Estudios en el área de la medicina del trabajo indican que se pueden tomar períodos de descanso (vacaciones) de la manera siguiente:

* Una semana cada tres meses.
* Dos semanas consecutivas cada seis meses.
* Cuatro semanas consecutivas cada año.

Inicie la práctica de caminatas diarias o de algún ejercicio físico. Estos combaten efectivamente el estrés y el sedentarismo con sus respectivas consecuencias.

No tome medicamentos por costumbre. Si ingiere algún medicamento debe haber sido prescrito por un facultativo y para controlar un problema de salud específico.

Tome un día a la semana para compartir sanamente con los miembros de su familia o sus amistades.

BENEFICIOS TERAPÉUTICOS DEL AYUNO

Lo primero que debemos aclarar es que el ayuno, por sí solo no es un tratamiento para una determinada enfermedad o la panacea para todos los males. En realidad el ayuno proporciona todas las condiciones ideales para que el cuerpo funcione en mejores condiciones y desencadene toda una serie de procesos de limpieza y curación.

Recordemos que el cuerpo humano fue diseñado por el Señor con un sistema inmunológico que a su vez pone en funcionamiento una serie de complicados mecanismos para mantenerlo saludable. El cuerpo humano es quien posee el sistema inmunológico, no el ayuno. El ayuno lo estimula para que trabaje en forma más efectiva.

Tomando en cuenta lo antes dicho podemos citar algunos tipos de enfermedades que han mejorado o desaparecido después de un período de ayuno que varía entre catorce a treinta y cinco días.

Estos casos fueron reportados por varias clínicas de ayuno terapéutico alrededor del mundo. Muchos de estos beneficios reportados por la literatura médica en estas clínicas lo hemos podido comprobar en experiencias propias.

A continuación se presenta una lista de aquellas enfermedades o condiciones que reportaron mejoría o curación durante el ayuno terapéutico.[7] Obesidad, hipertensión arterial (leve o moderada), insomnio, acné vulgaris, anemia, quistes en los ovarios, cálculos (piedras) renales, cáncer en etapas iniciales, artritis reumática, hiper-colesteremia, diabetes no dependiente de insulina, eczema, rinitis alérgica (fiebre del heno), constipación (estreñimiento), hepatitis, colitis, sinusitis, hemorroides, bronquitis, tumores benignos, asma, gota, úlceras (no sangrantes), piorrea, esclerosis múltiple, catarata, psoriasis, várices, dispepsia (acidez estomacal), cálculos en la vesícula, gonorrea y poliomielitis.

La mejoría de la hiper-colesteremia (colesterol elevado) que reportan muchos investigadores, nos animó a colaborar en un estudio realizado por el profesor Dr. Patricio Hevia (del laboratorio de nutrición de la Universidad Simón Bolívar en Venezuela), con ayunadores de siete días.[8] Los resultados obtenidos están expresados en el apéndice de este libro.

FRECUENCIA Y DURACIÓN DE LOS AYUNOS

¿Cómo podemos iniciar la práctica del ayuno?

Sugiero que aquellos creyentes que nunca han ayunado comiencen con ayunos de tipo parcial para ir acostumbrando su organismo e ir venciendo el temor a medida que se adaptan a esta nueva práctica.

Esto puede hacerse ingiriendo jugos o frutas frescas un día a la semana. Luego de hacer esto durante unas cuatro semanas, pruebe a realizar un día ingiriendo solamente agua. Se sugiere hacer esto por espacio de unos meses.

Finalmente realice unos tres o siete días consecutivos ingiriendo solamente agua. Para ese momento su cuerpo ya estará familiarizado con el ayuno.

Casi todas las personas (véase la sección de quienes no pueden ayunar) pueden comenzar a ayunar por tres días consecutivos sin problemas para su salud. Pero hago las recomendaciones anteriores para aquellas personas que tienen temor al ayuno o desean ir experimentándolo en forma progresiva. Este es un punto muy importante ya que muchas personas nos hacen esta pregunta en los seminarios que dictamos en varios países sobre este tema. La recomendaciones generales que podríamos dar a este respecto son las siguientes:

Un organismo está capacitado para tener períodos de ayuno absoluto (ingiriendo solamente agua) de ocho días al mes todos los meses. Esta práctica la hacían los fariseos en los tiempos bíblicos lo cual consistía en dos días a la semana. Si lo multiplicamos por cuatro (como promedio) nos daría ocho, luego los restantes días del mes son utilizados para la reposición de las reservas utilizadas durante el ayuno a través de una dieta balanceada.

- Se puede ayunar un día a la semana
- Dos días a la semana
- Tres días consecutivos una vez al mes
- Siete días consecutivos cada dos meses
- Veintiún días consecutivos dos veces al año
- Cuarenta días consecutivos al año

Estos ayunos pueden ser realizados de forma absoluta o parcial.

Hay un margen de seguridad cuando se realizan ayunos de corta duración con cierta frecuencia. Donde hay que tener mayor precaución es cuando se van a realizar ayunos mayores de siete días. Se requiere realizar una evaluación médica previa y se debe estar bajo supervisión durante el mismo.

En algunas clínicas de Europa se consideran innocuos los ayunos parciales de ciento cincuenta y hasta de doscientos cincuenta días consecutivos, por supuesto siempre bajo supervisión y tratamiento clínico y sobre todo en casos de exceso de peso muy pronunciado.

¿CÓMO CONTROLAMOS LOS SÍNTOMAS DURANTE EL AYUNO?

En esta sección se darían recomendaciones generales para controlar solamente aquellos síntomas leves que se reconocen como parte de la «sintomatología clásica» del ayuno y que no representan algún peligro para la salud del ayunador. En caso contrario consulte a su médico.

Frialdad en todo el cuerpo. Cuando se presenta este síntoma se pueden utilizar ropas gruesas o especiales que usamos durante el invierno. De ser la frialdad localizada en manos y pies se pueden usar medias gruesas y guantes respectivamente.

Dolor de tipo pulsátil en ambas sienes. Disminuyen enormemente con aplicaciones de compresas de agua fría o tomando una ducha con el agua a temperatura ambiente.

Dolor o molestias (como ardor) en los ojos. Se pueden usar compresas de agua de manzanilla helada o fría. Se cierran los ojos y sobre los párpados se aplican las compresas. También pueden ser solamente de agua fría.

Sonidos en los oídos. Son de corta duración pero si persisten se pueden mejorar al abrir y cerrar la boca por un momento. Es similar a lo que ocurre cuando viajamos en avión y por efecto de la presión atmosférica tenemos que ayudar a compensar la misma abriendo y cerrando la boca.

Lengua saburra. Este síntoma no es más que una capa blanquecina, amarilla y algunas veces verdosa que cubre la lengua durante el ayuno. Se puede cepillar la lengua en las mañanas si le es molesto el sabor en su boca, pero recuerde que a medida que pasan los días esta capa va disminuyendo.

Mal aliento (halitosis). En cuanto a este síntoma se recomienda no utilizar enjuagues bucales, especies aromáticas, caramelos de menta, pastas dentales o cualquier otra sustancia para controlarlo. Esto se debe a que el organismo reconoce como extraña toda sustancia que no sea agua (en caso de ser un ayuno absoluto) y que es introducida, produciendo síntomas físicos y estimulación de la producción de jugos gástricos. Además, es un síntoma que se utiliza para reconocer cuando un ayuno prolongado está cerca de finalizar, pues el aliento se hace fresco y agradable para ese entonces.

En caso de que realice un ayuno parcial y tiene que trabajar, puede usar estas sustancias pues la producción de jugos gástricos siempre está presente en este tipo de ayuno.

Mal olor en las axilas. Se puede utilizar bicarbonato de sodio o leche de magnesia para neutralizar la acidez en la región axilar y así controlar el mal olor a sudor.

Dolores musculares. Mejoran con la aplicación de compresas o bolsas de agua caliente. También se pueden utilizar pequeñas frazadas eléctricas. Ligeros masajes también dan resultado.

Palpitaciones. Se mejoran rápidamente al mantenerse sentado tranquilamente y por un corto tiempo. Lo mismo ocurre con los mareos.

Dolor estomacal. Mejoran con la aplicación de frazadas eléctricas o bolsas de agua caliente sobre la región abdominal. En cuanto al ardor estomacal mejora con la ingestión de agua pues se diluyen los jugos gástricos. Si persiste con gran intensidad se puede preparar un mucilago de arroz. Este consiste en hervir una cucharada de arroz en un litro de agua. Luego se cuela y se deja reposar. Se toma una tacita a pequeños sorbos, unas dos veces en el día. También el agua hervida de *plantago* (planta medicinal) es muy buena en estos casos.

Se recomienda colocar una bolsa de agua caliente sobre la zona hepática (hipocondrio derecho) para favorecer la estimulación de la función del hígado durante el ayuno.

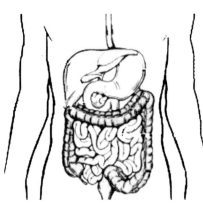

Náuseas. Este es un mecanismo defensivo del organismo y que precede al vómito. A través de este último se eliminan sustancias tóxicas que están alojadas en el estómago.

Durante los primeros días del ayuno se pueden presentar náuseas que si aumentan en intensidad nos está indicando que el vómito es necesario para expulsar alguna sustancia tóxica. Lo recomendable en este caso es contribuir a que esto suceda y para ello se ingieren uno o dos vasos de agua y acto seguido se provocan los vómitos, introduciendo los dedos índice y medio en la boca tocando con ellos la úvula (campanilla). Aunque no parezca muy ortodoxo es muy efectivo. El malestar desaparece de inmediato y muchas veces el dolor de cabeza también (si está presente).

Cualquier otro síntoma anormal en su evolución deberá ser evaluado por su médico o por el supervisor del ayuno para tomar las medidas correctivas que el caso amerite.

QUIENES NO DEBEN AYUNAR

La mayoría de las personas pueden mostrar beneficios de la práctica del ayuno, sin embargo algunas personas con ciertas condiciones de salud no se les recomienda ayunar. Algunas de estas condiciones son las siguientes:

- Temor extremo al ayuno
- Cáncer en estados avanzados
- Úlceras activas o sangrantes
- Debilidad o degeneración extrema
- Enfermedades cardíacas en etapas avanzadas, especialmente si tiene predisposición a la trombosis
- Enfermedades o estados donde el organismo está sobrefuncionando (trabajo excesivo) como el hipertiroidismo
- Mujeres embarazadas
- Niños o púberes en etapa de crecimiento
- Diabetes juvenil (dependiente de insulina)
- Enfermedades hepáticas (cáncer del hígado o páncreas o si el órgano está muy dañado)
- Enfermedades renales (ejemplo: riñón inactivo acompañado de obesidad)

- Infarto reciente del miocardio
- Cualquier enfermedad degenerativa que haga perder peso rápidamente a la persona

MISCELÁNEOS

Hay ciertas condiciones que favorecen la realización del ayuno tales como:

Condiciones climáticas. El lugar para realizar el ayuno no debe ser muy caluroso. Durante el ayuno se producen cambios metabólicos que se manifiestan a través de los síntomas físicos.

- Estos se ven incrementados bajo el calor extremo. La pérdida de agua y electrolitos (sales minerales) se incrementa notoriamente produciendo fatiga y debilidad.
- De la misma manera el lugar no debe ser extremadamente frío pues retarda notoriamente las funciones de excreción de sustancias tóxicas lo cual también produce síntomas molestos.
- El clima ideal es el templado o sea el que se encuentra oscilando entre los 17 a 25°C ó de 60 a 80°F. Si el lugar geográfico donde habita es muy caluroso, busque alguna parte donde existan numerosos árboles que modifiquen el clima tornándolo más agradable.

Localización. Es preferible realizar el ayuno en las afueras de la ciudad (preferiblemente en un campamento) pues esto permite resguardarnos de los ruidos molestos y de la contaminación ambiental existente en el área urbana. También favorece el descanso espiritual, emocional y físico que se requiere para un ayuno. También nuestros sentidos descansan notoriamente.

Facilidad de acceso. Es muy importante escoger un lugar donde exista facilidad para trasladarse al mismo, sobre todo en caso de ayunos prolongados. No seleccione lugares escondidos, de difícil acceso y de condiciones inhóspitas. En caso de que se requiera trasladar a una persona por anormalidades durante el desarrollo del ayuno, esto se debe realizar sin ningún problema y con rapidez. **El uso del teléfono.** Es recomendable que se restrinja a lo estrictamente necesario para evitar interferencias. Una mala noticia o una conversación inoportuna pueden hacer que su paz y comunión con el Señor sea perturbada.

EQUIPAJE RECOMENDADO PARA LLEVAR AL AYUNO

Es preferible viajar cómodo y solamente con el equipaje necesario al lugar a donde se va a realizar el ayuno. Lo que se desea es pasar un tiempo tranquilo y de profunda comunión con el Señor y de confraternidad con el resto del grupo que asiste al campamento o lugar del ayuno.

A continuación se menciona una lista de algunas cosas elementales que se recomienda tener en cuenta para el momento de preparar su equipaje.

- Ropas holgadas y cómodas
- Jabón natural o neutro
- Cepillo dental
- Zapatos cómodos
- Bicarbonato de sodio o leche de magnesia para ser usado como desodorante
- Champú natural
- Toallas sanitarias para las damas
- Cuaderno y lápices para escribir apuntes o llevar un diario durante la realización del ayuno
- Instrumentos musicales

Si el lugar adonde va no proporciona los enseres de cuarto, agregar entonces:

- Toallas
- Sábanas
- Fundas para las almohadas
- Almohadas

A esta lista usted puede agregar cualquier otra cosa que se requiera de acuerdo a las condiciones del lugar donde se llevará a cabo el ayuno.

Nota: Se sugiere no llevar pasta dental, pues como explicamos anteriormente no hace falta su uso durante el ayuno. Lo mismo sucede con los perfumes pues durante un ayuno el olfato rechaza los olores penetrantes causando muchas veces náuseas y dolores de cabeza.

Las damas deben evitar el uso de maquillaje durante el ayuno ya que la piel es uno de los órganos mas utilizados para la eliminación de toxinas y al maquillarla se obstaculiza este proceso.

Tampoco deben olvidar el llevar toallas sanitarias ya que frecuentemente la menstruación se adelanta en su advenimiento porque el ayuno favorece los procesos de exoneración.

PREGUNTAS DE REPASO

1. ¿Cómo se define el ayuno desde el punto de vista terapéutico?
2. ¿Cuáles son los tres tipos de ayuno que existen?
3. Durante el ayuno se producen cambios metabólicos que permiten que se utilicen las reservas energéticas que posee el cuerpo en vez de la ingestión de alimentos. ¿Cuáles son esos cambios metabólicos?
4. Los síntomas que pueden observarse durante un ayuno se deben a dos razones básicas. ¿Cuáles son?
5. Nombre algunos de los síntomas más frecuentes que pueden presentarse durante un ayuno.
6. Mencione la forma en que se pueden controlar los síntomas leves de un ayuno.
7. Si se presentan síntomas diferentes a los presentados en este capítulo y que no son los presentados usualmente durante un ayuno, ¿qué haría usted?
8. Mencione algunas de las recomendaciones generales para prepararse para la realización de un ayuno.
9. El ayuno presenta beneficios para el organismo, mencione algunos de ellos.
10. Mencione algunos casos en que no se recomienda ayunar.

ÁREA DE LA NUTRICIÓN

«Un organismo vivo
tiene la capacidad
de ayunar a expensas
de las reservas
energéticas
que posee»

COMENTARIOS INICIALES

Este capítulo lo he denominado así porque la mayoría de los conceptos emitidos en el mismo están relacionados de una manera más directa con la nutrición que con el área de la medicina. Considero que lejos de atentar contra los profesionales en este campo de la salud presenta una alternativa interesante para ellos.

El mismo lo he desarrollado con la valiosa colaboración de mi esposa Nelly, médico con posgrado en nutrición clínica. Su tesis fue una ponencia sobre los beneficios del ayuno terapéutico como un medio para controlar el sobrepeso, lo cual creó interés entre los miembros del jurado examinador. De igual manera tuve la oportunidad de colaborar en un trabajo de investigación realizado por el Dr. Patricio Hebia, profesor de nutrición de la Universidad Simón Bolívar en Venezuela. Este estudio está anexado en el apéndice de este libro.

DEFINICIÓN

Podríamos definir el ayuno desde el punto de vista de la nutrición como el mantenimiento de un organismo a expensas de las reservas energéticas que posee y durante un período de tiempo limitado hasta que las mismas finalicen. Este es un período de tiempo donde no se establecen daños en ningún órgano del cuerpo humano.

RESERVAS ENERGÉTICAS

El Dr. Cahill Jr., de la universidad de Boston, realizó uno de los estudios clínicos más interesantes para determinar las reservas energéticas que posee un ser humano.[1]

En ese estudio estableció que un hombre de un peso normal de 70Kg y 1,70 m de altura tenía unos tipos de reservas metabólicas constituidas por tri-glicéridos (tejido graso), proteínas (principalmente musculares), glucógeno (tipo de azúcar), y reservas circulantes. Además podemos incluir las vitaminas y minerales. Determinó que este hombre dispone de más de 6 Kg de proteínas de las cuales 2,5 son de reserva y están por lo tanto disponibles.

Estos datos responden acerca de los supuestos peligros causados por una disminución y falta de suministro de proteínas en el ayuno. Además el consumo de proteínas se reduce de los 100 g por día durante la primera semana a 20 ó 15 g por día en la cuarta semana. Esto sucede porque el organismo humano está capacitado por mecanismos reguladores especiales para sobrevivir durante varias semanas en ayuno sin que afecte su salud mientras duren sus reservas energéticas, especialmente las grasas.

Un estudio publicado en la revista médica «Praxiskurier», estableció que la muerte por inanición (un proceso diferente al ayuno) no se debía al déficit del 50% de proteínas como límite crítico según se creía anteriormente. Se estudió a los presos políticos del IRA de Irlanda que murieron en el año 1981 después de unos 61 días de huelga de hambre. Se encontró que solamente un 30% de sus proteínas había estado envuelto en el proceso metabólico. En cambio, la muerte sobrevino en el momento que fue procesado el último gramo de su grasa corporal.[2]

El Dr. Cahill estableció también en su estudio que el cuerpo tiene la capacidad para adaptarse, entre las tercera y cuarta semana, cuando aumenta el metabolismo de las grasas. Otras sustancias con alto valor energético, los cuerpos cetónicos, sustituyen a la glucosa, y ayudan a reducir el consumo de azúcar y proteínas. Las reservas de grasas comprendían unos 15 Kg, unos dos tercios (aproximadamente) equivalen a unas 141,000 kilocalorías. Además hay que agregarle unas 24,900 kilocalorías provenientes de las proteínas y los hidratos de carbono y 100 kilocalorías provenientes de las reservas circulantes. Todo esto nos aporta una 166,000 kilocalorías lo cual proporciona una reserva suficiente para 40 días aproximadamente, período que ha sido considerado como el límite de tiempo adecuado tanto para el ayuno bíblico como para el ayuno terapéutico.

Con estos maravillosos datos podemos determinar que la nutrición es una función constante y que continúa a pesar de que no estemos ingiriendo alimentos (vía exógena) ya que lo hace a expensas de las reservas metabólicas (vía endógena) que posee el cuerpo humano.

AYUNO CONTRA INANICIÓN

El cuerpo humano fue diseñado por Dios con la capacidad de alternar períodos de ingestión de alimentos con períodos de ayuno. Esto es lo que ocurre todos los días cuando dormimos. Pasamos varias horas en ayuno mientras dormimos. Por ello la primera comida del día la llamamos desayuno. El prefijo «des» viene del latín «dis» y es una preposición que denota negación. O sea que desayuno significa no ayunar. En inglés *breakfast*, o sea, break = romper y fast = ayuno. Romper el ayuno de la noche anterior.

Los profesionales de la salud muchas veces envían a sus pacientes a realizarse análisis de sangre como parte de pruebas para determinar con precisión un diagnóstico, y piden que sea en ayuno, por lo cual sus pacientes no toman alimentos esa mañana.

El ayuno es un acto voluntario que se realiza a expensas de las reservas energéticas que poseemos. Hay ayuno mientras existen reservas.

La inanición es la auto-degradación del organismo lo cual sucede al agotarse dichas reservas metabólicas, especialmente las grasas. Esto último obliga al organismo a utilizar componentes fundamentales produciendo lesiones en diversos órganos del cuerpo humano, siendo la mayoría de las veces incompatible con la vida.

Ayunar tampoco es hambrear, o sea, padecer y hasta morir de hambre. Esto último lo hemos observado por la televisión en países como Etiopía. Las personas que habitan en estos países tienen el problema de que los alimentos son inaccesibles a ellos y esto ha ocurrido por tiempo prolongado lo cual ha provocado también la consunción de sus organismos por no tener los requerimientos diarios necesarios.

El término en inglés *fast* (ayuno), se deriva de *faestan*, que en inglés antiguo significa abstenerse. La abstención es voluntaria, no obligada. Se emprende buscando conscientemente beneficios espirituales, emocionales o físicos.

En cambio el término en inglés *starvation* (inanición), proviene del inglés antiguo *sterogan*, derivado del verbo teutónico *sterven* que significa morir.

Observamos entonces que se trata de términos totalmente diferentes, pero el uso inadecuado de ellos (como si fueran sinónimos) ha traído mucha confusión entre el público en general y aún dentro de los profesionales de la salud.

RECOMENDACIONES GENERALES
PARA REALIZAR EL AYUNO

Uno de los aspectos más importantes en cuanto a la preparación para ayunar es quizás en esta área. Muchas personas que desean ayunar no lo hacen por temor a presentar síntomas físicos como los que otros ayunadores presentaron y así se lo hicieron saber a ellos.

Esta situación la observamos cuando en 1986 comenzamos a supervisar ayunadores. La mayoría de ellos presentaban síntomas físicos durante el ayuno que no les permitían alabar al Señor con libertad. Después de buscar la causa de esto, mi esposa Nelly y yo llegamos a la conclusión de que se trataba del tipo de alimentación que ingerían previamente los ayunadores.

—Hermano Juan, ¿qué comió usted ayer en su última comida? —preguntamos a uno de ellos.

—Pues, Doctor Caruci, solo una sopa, carne de cerdo, pan, jamón, sodas, queso, y un postre.

—Pero Hno. Juan, ¿todo eso?

—Bueno, Dr Caruci, lo hice porque iba a estar en tres días de ayuno sin comer. Entonces decidí comer bastante para estar fortalecido.

Por supuesto el Hno. Juan fue uno de los que presentó mayor número de síntomas durante el tiempo de ayuno. ¿A qué se debió esto? Tenemos que recordar que el ayuno es un profundo proceso de desintoxicación por lo que todas aquellas sustancias que no son beneficiosas para la salud serán eliminadas durante el mismo.

Durante los primeros siete días del ayuno este proceso se intensifica. Todo aquello que sobra, que no es necesario, lo que está en exceso, es utilizado como fuente energética por el organismo. Mientras más sustancias tóxicas tengamos que eliminar y mientras más profundo sea el proceso de limpieza del cuerpo, se presentará un mayor número de síntomas.

Concluimos que era necesario establecer una dieta de transición previa al ayuno para que los creyentes presentaran durante este la menor cantidad de síntomas posibles. La lógica utilizada fue que el cuerpo eliminaría una serie de sustancias nocivas al ingerir la dieta previa lo cual permitiría que si se presentaban síntomas serían muy leves. A su vez, durante el ayuno también se reducirían al máximo los síntomas. Esto fue precisamente lo que ocurrió.

Si usted se pregunta: ¿Cuál es una de las fuentes más importantes en la introducción de toxinas a nuestro cuerpo? La respuesta será: nuestra dieta.

En la misma se involucran muchos factores que varían de una cultura a otra, pero básicamente existen dos que se ven en cualquier cultura y que se han propagado a través de los medios de comunicación. Estos son la alimentación artificial y la abundancia.

La mayor parte de la alimentación actual está basada en alimentos con sabores y colores artificiales. Además son sometidos a procesos químicos que muchas veces degradan los nutrientes. La cafeína contenida en el café, los refrescos (sodas) y demás bebidas artificiales son uno de los principales productores de dolor de cabeza durante un ayuno. Es lógico pensar que la gran cantidad de toxinas derivadas de estos alimentos se acumulan en nuestro cuerpo porque saturan la capacidad de eliminación del mismo a través de los riñones y otros órganos. Se ingieren con tanta frecuencia y tan abundantemente que esto es lo que sucede. Si eventualmente ingiriéramos estos alimentos nuestro cuerpo tendría la capacidad de eliminarlos, pero forman parte de la «dieta normal» de nuestra distorsionada sociedad.

A continuación presentamos dos alternativas de dietas previas o de transición en las cuales se han eliminado los enlatados y alimentos artificiales que producen la mayor cantidad de síntomas durante el ayuno.

Se puede comenzar unos seis o cuatro días antes del ayuno. Todo depende de la duración del ayuno y la disponibilidad de tiempo que la persona tenga.

Estas dietas de transición se pueden utilizar en casos de ayunos de corta duración como por ejemplo de tres o siete días. Pero también se pueden utilizar en caso de tratarse de ayunos mucho más prolongados (veintiún o cuarenta días, por ejemplo).

Otra función que tiene esta dieta previa es que puede ser realizada una vez al mes y sirve para desintoxicar su organismo y controlar el sobrepeso.

DIETA PREVIA DE DESINTOXICACIÓN
NÚMERO UNO

PRIMER DÍA

Desayuno: Un vaso de jugo de frutas sin azúcar preferiblemente de naranja o papaya. Puede agregarle dos cucharadas de *granola* o ajonjolí tostado. Si desea puede comer un paquete pequeño de galletas integrales (de fibras).

Merienda: (media mañana): una porción de cualquier tipo de frutas frescas.

Almuerzo: Una pechuga o un muslo de pollo acompañado de ensalada cruda o vegetales cocidos. Un vaso de jugo de frutas sin azúcar.

Cena: Un plato de sopa de vegetales o de verduras que no contenga carne de ninguna clase. La puede acompañar de dos rebanadas de pan integral (de fibras).

SEGUNDO DÍA

Desayuno: Un plato de frutas sin azúcar ni ningún otro agregado.

Merienda: Un vaso de leche acompañado de un paquete de galletas del tipo integral.

Almuerzo: Un pescado a la plancha o guisado sin aceite, acompañado de ensalada cruda, y un jugo de fruta natural. Si lo desea también puede tomar una tacita de consomé o sopa de pescado.

Merienda (media tarde): Un vaso de jugo de fruta sin azúcar.

Cena: Un sandwich de vegetales con una rebanada de queso, sin mantequilla.

TERCER DÍA

Desayuno: Un plato de *granola* con jugo de frutas.

Merienda: Yogurt, si es natural puede endulzarlo con miel de abejas o azúcar moreno.

Almuerzo: Una taza de lentejas y media taza de arroz acompañado de dos cucharadas de queso rayado y un plato de ensalada. Un vaso de jugo de frutas.

Merienda: Un vaso de jugo o una fruta (pera, manzana, naranja).

Cena: Sopa de vegetales (no de sobres), una ensalada y dos rebanadas de pan integral.

CUARTO DÍA

Desayuno: Un plato de frutas.

Merienda: Un vaso de jugo de frutas.

Almuerzo: Un caldo de vegetales o crema de apio, calabaza o espinaca. Un plato de ensalada y un jugo de frutas sin azúcar. **Merienda:** Un vaso de jugo o un trozo de frutas. **Cena:** Un plato de frutas dulces con una cucharada de *granola* y un vaso de jugo.

QUINTO DÍA
Desayuno: Una porción de sandía, papaya o naranja.
Merienda: Un vaso de jugo de frutas sin azúcar.
Almuerzo: Un plato de ensalada. Una papa asada o hervida.
Merienda: Una banana o dos naranjas.
Cena: Un sandwich de vegetales. Un vaso de jugo de frutas.

SEXTO DÍA
Día exclusivo para ingerir solo frutas o sus jugos.

SÉPTIMO DÍA
Ayuno: Realmente debe comenzar el sexto día a las 6:00 p.m. cuando se realiza la ingestión de la última porción de fruta o el último vaso de jugo.

DIETA PREVIA DE DESINTOXICACIÓN NÚMERO DOS

PRIMER DÍA
Desayuno: Coma una buena porción de melón o sandía fresca. Puede ingerir la cantidad que desee.
Almuerzo: Ensaladas crudas abundantes. Un vaso de jugo de frutas.
Cena: Crema de verduras frescas. Una naranja o toronja.

SEGUNDO DÍA

Desayuno: Dos porciones de papaya o melón. Dos naranjas o un vaso de jugo. Puede incluir dos o tres onzas de semillas crudas de ajonjolí, girasol, calabaza u otras semillas con el jugo de naranja. **Almuerzo:** Un plato de frutas compuesto por melón, sandía y papaya. Ensalada de lechuga, apio España y nueces crudas. Le puede agregar limón si lo desea. **Cena:** Ensalada de verduras crudas, un aguacate entero y una porción grande de habichuelas cocidas al vapor.

TERCER DÍA

Día exclusivo para ingerir solo frutas o sus jugos.

CUARTO DÍA

Inicio del ayuno.

Como se puede observar esta segunda dieta previa tiene una duración de cuatro días pero es más estricta pues persigue preparar al cuerpo para el ayuno en un período más corto. Se presentan ambas alternativas para que se escoja la que se adapte a las necesidades de los ayunadores.

Otra recomendación antes de realizar un ayuno prolongado sería ingerir suplementos nutritivos para llenar los depósitos corporales y estar así preparados para el ayuno. Esto lo podemos hacer con bastante anticipación pues podemos planificar, de acuerdo a nuestro tiempo, cuando realizaremos este ayuno prolongado.

QUÉ PODEMOS HACER DURANTE EL AYUNO

En esta área se recomiendan algunos puntos importantes que favorecerán el desarrollo armonioso de su ayuno. Entre estas tenemos:

Recuerde que si usted está realizando un **ayuno total,** o sea, aquel donde no se ingieren alimentos sólidos ni líquidos, ni tampoco agua, la duración no debe ser mayor de tres días. Esto se debe a que el cuerpo humano está constituido por un 70% de agua en los adultos. El agua es la que favorece la filtración renal de la sangre y la consecuente eliminación de sustancias tóxicas.

Si está realizando la variedad de **ayuno absoluto** lo único que puede usted ingerir es agua al tiempo, mineral o destilada. Tome la cantidad que su cuerpo le demande pero hágalo lentamente, para evitar eructos o la producción de hipo.

No se introduzca especies aromáticas en la boca, caramelos de menta o cualquier otra cosa que requiera ser masticada pues estimula la secreción de jugos gástricos y del apetito lo cual no le permitirá a su cuerpo desencadenar la serie de mecanismos adaptativos propios del ayuno.

Un comentario adicional que podemos hacer al respecto es en el caso de una persona que realice un ayuno de corta duración mientras trabajan en su oficina y convive con otras personas. Por supuesto le será incomodo manejar la comunicación de cerca, en ese caso se justificará el uso restringido de un enjuague bucal pero también estimulará la producción de jugos gástricos. De estar ayunando en un campamento condicionado para tal fin lo mejor sería mantenerse sin el uso de estos elementos que proporcionan olor artificial en la boca.

Si está realizando un **ayuno de tipo parcial** puede ingerir frutas o sus jugos. En horas del desayuno, almuerzo (comida) y cena ingerirá una porción pequeña de fruta o un vaso de jugo de frutas o verduras. En caso de estar rompiendo su ayuno en las noches (digamos a las 7:00 p.m.) ingiera una dieta ligera durante los días que dure su ayuno. Estos alimentos pueden ser ensaladas, frutas, verduras, sopas o caldos de vegetales frescos.

CÓMO PODEMOS ROMPER EL AYUNO

Esta es la parte más importante de todas. Muchas personas desconocen los cambios metabólicos que se producen en el organismo humano durante un ayuno, y por eso lo rompen inadecuadamente causando daño a su propio cuerpo. A veces estos daños son irreversibles, por eso debemos entender que mientras más prolongado es el ayuno más cuidadosos debemos ser en la forma en que lo rompemos. Dentro de los cambios metabólicos que se producen durante un ayuno se encuentra el cese de la producción de enzimas digestivas así como de los elementos precursores a partir de los cuales se sintetizan (producen) las mismas. Estas adaptaciones metabólicas se producen a partir del tercer día porque el organismo envía una orden al cerebro indicando que ahora no se va a nutrir a expensas de alimentos (vía exógena) sino a partir de sus reservas corporales existentes (vía endógena).

Si entendemos este principio es fácil deducir que para romper el ayuno debemos utilizar alimentos apropiados que estimulen nuevamente la producción de enzimas para que sean digeridos una vez introducidos en el aparato digestivo. Esta estimulación de producción de enzimas se debe realizar en una forma seriada y progresiva. Primero las enzimas que digieren los carbohidratos, luego las que intervienen en la digestión de las grasas y finalmente las que intervienen en la digestión de las proteínas de origen animal (carnes rojas y blancas) pues este último es un proceso mucho mas complejo.

La cantidad de estos alimentos también deben ser menores a la usual ya que el estómago no podrá manejar cantidades grandes de los mismos por falta de enzimas digestivas. Esto explica la sensación de llenura que muchos ayunadores sienten al romper con la ingestión de una cantidad moderada de alimentos. Ellos se extrañan porque no es la cantidad que usualmente ingieren pero aún así sienten que su capacidad estomacal está al máximo.

El mejor alimento para romper el ayuno son las frutas dulces. Estas pueden ser ingeridas en pequeñas porciones o en sus

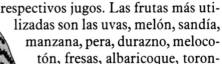

respectivos jugos. Las frutas más utilizadas son las uvas, melón, sandía, manzana, pera, durazno, melocotón, fresas, albaricoque, toronja, pomelo, naranjas y piñas. Es de hacer notar que si una persona tiene sensibilidad hacia alguna de estas frutas, o sea que le produzca algún síntoma aún sin estar en ayuno, no la debe usar para romperlo.

Las frutas deben ser ingeridas en pequeñas porciones y ser masticadas lentamente para estimular la producción de saliva y enzimas digestivas.

Recordemos que la digestión comienza en la boca.

También es bueno hacer referencia de que al ingerir las frutas (o sus jugos) se produce estimulación del intestino grueso (que estaba inactivo durante el ayuno) lo que causa deseos de evacuar.

La frecuencia con la que deben ingirse las frutas es cada una hora. Un lapso mayor se debe usar si persiste la sensación de llenura estomacal. En los días sucesivos se pueden ingerir porciones mayores pero a intervalos también mayores, digamos cada tres o cuatro horas.

Si prefiere romper el ayuno con jugos, estos deben cumplir los siguientes requisitos: ser naturales, recién extraídos, servidos a temperatura ambiente, sorbidos lentamente y sin colarlos para mantener las fibras que ayudan a estimular el intestino grueso. Tampoco se recomienda añadirles azúcar para endulzarlos.

Una recomendación que es necesaria es la de no ingerir los jugos rápidamente y en grandes cantidades o muy fríos. Cuando se hace esto el estómago reacciona con fuertes contracciones lo que se manifiesta como dolor tipo cólico. También se producen gases, hipo y acidez estomacal. Se estimulan los movimientos peristálticos del intestino que estaban paralizados, lo cual puede producir deseos imperiosos de evacuar en algunas personas. Lo usual es que ocurra entre una o dos horas después de ingerir alimentos para romper un ayuno principalmente de siete días o más. La cantidad de jugo puede oscilar entre medio vaso y uno completo cada una a dos horas respectivamente. En los días sucesivos podemos incrementar la cantidad pero en un lapso de tiempo mayor en casos de ayunos más prolongados. Todas estas recomendaciones sirven para romper ayunos cortos o prolongados.

PERÍODO DE READAPTACIÓN

Se denomina así al espacio de tiempo que transcurre desde el momento en que se rompe el ayuno hasta que la persona tiene la capacidad de digerir los alimentos que habitualmente conforman su dieta.

Esto último indica que la producción de enzimas digestivas se ha restablecido completamente y que la serie de cambios metabólicos para volver a adaptarse a la vida cotidiana ya han finalizado. Durante este tiempo se llevan a cabo todos los cambios necesarios para que el organismo vuelva a funcionar bajo condiciones normales.

Recuerde que para poder ayunar el cuerpo ha tenido que realizar una serie de mecanismos de adaptación para alimentarse a expensas de sus propias reservas corporales. Estos cambios, como por ejemplo la disminución de la presión arterial y los reflejos, forman parte de la sintomatología normal del ayuno.

Es de hacer notar algo sumamente importante: La duración del período de readaptación es exactamente la mitad del tiempo de duración del ayuno. Esto indica que si usted ayuna por tres días consecutivos necesitará día y medio para readaptarse. Si ayuna por cuarenta días, necesitará veinte días para lograrlo. Esto se cumple cuando estamos realizando ayunos de tipo absoluto.

Cuando hacemos ayunos de tipo parcial el período de readaptación es un poco más corto pues se estaban produciendo jugos gástricos.

Al romper el ayuno nos «readaptamos» y no es que nos «recuperamos» como muchos creyentes expresan. Nos recuperamos después de una enfermedad ya que nuestro estado de salud estaba comprometido por una situación patológica.

En cambio nos readaptamos después de un ayuno porque el organismo había realizado durante el mismo una serie de cambios adaptativos y no patológicos.

Es muy importante cumplir el período de readaptación, y requiere disciplina por parte del creyente. Durante este proceso no se debe ingerir más cantidad de alimento que la que realmente desea su cuerpo ni del que tiene capacidad para digerir.

También requiere que el creyente entienda que no debe agregar sustancias artificiales o condimentos para sazonar la comida pues estos les producirán síntomas molestos.

Esto se debe a que ahora el organismo está libre de una gran cantidad de toxinas y rechaza todo aquello que lo contamine nuevamente. Este es el momento preciso para cambiar de hábitos alimentarios si aprovechamos este proceso de readaptación del organismo. Si sumamos el hecho de que nuestra capacidad estomacal se encuentra disminuida por la sensación de llenura también podemos cambiar el mal hábito de comer en exceso.

A continuación, se presentaran dos alternativas de dieta que se pueden llevar durante el período de readaptación posterior a un ayuno de tres y otro de siete días.

DIETA POSTERIOR A UN AYUNO DE TRES DÍAS

RESTO DEL PRIMER DÍA
Una vez roto el ayuno de tres días (a las 6 p.m. como promedio) se recomienda continuar con la ingestión de frutas o sus respectivos jugos naturales por el resto del día. Si por alguna razón rompe el ayuno a primeras horas de la tarde (alrededor de las

2:00 p.m.) puede ingerir en la noche (8:00 p.m. como hora máxima) una ensalada de vegetales frescos.

SEGUNDO DÍA

Desayuno: Un plato de frutas frescas. Si desea puede agregarle dos o tres cucharadas de *granola* o cualquier otro cereal bajo en sodio.

Almuerzo: Ensalada y papas al vapor. Puede tomar un caldo de vegetales o de pollo.

Nota: Puede comer una pequeña porción de pechuga de pollo.

Cena: Coma algo ligero como un sandwich de vegetales o un plato de caldo de vegetales. O si prefiere un yogurt de frutas. Tome un jugo de frutas naturales. Para preparar caldos de vegetales les presentamos dos alternativas que puede utilizar.

CALDO NÚMERO UNO

Ingredientes: Un tomate, un chile dulce pequeño, una ramita de apio, una cebolla, una papa en rebanadas, una cucharada de cilantro (opcional).

Preparación: Coloque todo sin cortar en una cacerola, menos el cilantro, déjelo hervir y luego licuélo todo menos la papa. Cuando esté lista la papa, se apaga y se sirve con el cilantro.

CALDO NÚMERO DOS

Ingredientes: una zanahoria, una papa en rebanada, una ramita de cilantro, un diente de ajo, una pizca de sal y una cebolla.

Preparación: Este caldo estará listo cuando la papa esté blanda.

Coloque todo sin picar en una cacerola, menos el cilantro, déjelo hervir y luego licuélo todo menos la papa. Cuando esté lista la papa, se apaga y se sirve con el cilantro.

TERCER DÍA
Dieta normal.

DIETA POSTERIOR A UN AYUNO DE SIETE DÍAS

RESTO DEL PRIMER DÍA
Al romper el ayuno se recomienda continuar con la ingestión de frutas o sus jugos durante el resto del día.

SEGUNDO DÍA
Desayuno: Dos raciones de frutas.
Merienda: Otra ración de frutas frescas.
Almuerzo: Un vaso de jugo de frutas recién extraído sin azúcar. Dos tazas de ensalada sin aderezo.
Merienda: Un vaso de jugo recién extraído o una ración de fruta fresca.
Cena: Una infusión caliente de tilo (o de té), manzanilla o canela. Una porción de frutas.

TERCER DÍA
Desayuno: Dos raciones de fruta más una cucharada de *granola* si lo desea.
Merienda: Una infusión de canela.
Almuerzo: Un vaso de jugo de frutas sin azúcar, dos tazas de ensalada y un yogurt.
Cena: Un vaso de jugo, una taza de crema de vegetales baja en sal, una rebanada de pan y una infusión de cualquier hierba aromática.

CUARTO DÍA
Desayuno: Dos porciones de frutas con dos cucharadas de *granola*.

Merienda: Una ración de frutas o una vaso de jugo natural.

Almuerzo: Media taza de arroz sin aceite, taza y media de ensalada, una taza de crema o caldo de vegetales.

Merienda: Una infusión caliente de canela endulzada con miel y una rebanada de pan integral.

Cena: Taza y media de ensalada, dos cucharadas de queso y una taza de yogurt.

QUINTO DÍA

Dieta normal. Se puede iniciar el ingerir pequeñas porciones de carnes blancas.

Nota: Una ración de frutas equivale más o menos a una taza de fruta picada, 3/4 de taza de jugo recién extraído, o una fruta pequeña.

RECOMENDACIONES GENERALES DESPUÉS DEL AYUNO

Aproveche que su cuerpo está libre de toxinas y haga cambios permanentes de hábitos alimentarios.

Disminuya la frecuencia de ingerir las carnes rojas y de cerdo. Busque mejores alternativas.

No utilice los condimentos artificiales, enlatados o comidas de sobres.

Recuerde 1 Corintios 6.12: «Todo me es lícito más no todo me conviene; todas las cosas me son lícitas más yo no me dejaré dominar de ninguna».

BENEFICIOS

Reducción o aumento de peso dependiendo del caso.

Mayor capacidad de absorber los nutrientes después del ayuno.

Brinda las condiciones necesarias para realizar los cambios de hábitos alimentarios permanentes.

PREGUNTAS DE REPASO

1. Defina el ayuno desde el punto de vista de la nutrición.
2. Mencione cuáles son los tipos de reservas que tiene el organismo humano.
3. En promedio, cuántos días pueden durar las reservas energéticas de una persona bien nutrida.
4. Los animales utilizan sus reservas energéticas para ayunar. Mencione algunos de los que usted conozca.
5. ¿Cuál es la diferencia entre ayuno e inanición?
6. Mencione algunas recomendaciones generales, en el área de la nutrición, para realizar el ayuno.
7. ¿Con qué tipo de alimentos se debe romper el ayuno?
8. Explique brevemente cómo se deben preparar los jugos o las frutas para romper el ayuno y cada cuánto tiempo se deben ingerir.
9. Defina qué es el período de readaptación y cuánto es su duración.
10. ¿Cuáles son los beneficios del ayuno en el área de la nutrición?

SECCIÓN 4

ÁREA
SICOLÓGICA

«Existen factores
síquicos y emocionales
que influyen en forma
determinante en
la realización
del ayuno»

COMENTARIOS INICIALES

En este capítulo se expresarán conceptos que tienen que ver principalmente con formas de conducta del ser humano y factores que influyen en sus emociones a la hora de ayunar, por ello se enmarcará dentro del área sicológica. Durante varios años realizamos encuestas tratando de obtener información sobre cuáles eran los factores más influyentes sobre los ayunadores. Lo comentamos con sicólogos amigos quienes colaboraron con sus valiosas opiniones.

DEFINICIÓN

Podemos definir el ayuno en esta área como la decisión voluntaria, optativa, de abstenerse de ingerir alimentos con la finalidad de vivir una experiencia para crecer y madurar como persona.

CONCEPTOS GENERALES

La alimentación es una necesidad básica que debe ser satisfecha por todo ser vivo para incorporar los nutrientes necesarios para el mantenimiento de su cuerpo físico. Un recién nacido reconoce esta necesidad y llora desesperadamente para que sus padres satisfagan la misma.

A medida que se desarrolla su aparato síquico, entre el nacimiento y los seis años de edad, se entretejen una serie de elementos nuevos a esta necesidad básica capaces de cambiar dramáticamente la forma de ingerir los alimentos. Estos factores influyentes pueden ser culturales, sociales o afectivos, entre otros.

Abraham Maslow estableció una escala de valores en cuanto a las necesidades que un ser humano tiene que satisfacer y el orden en el cual se realizan normalmente. Estas necesidades son: físicas, de seguridad, de amor (pertenencia), de propósito y de autorealización. Maslow también establece en su estudio que la posibilidad que tiene un ser humano de satisfacer las necesidades superiores solamente se logra cuando se han satisfecho las anteriores o básicas.

Durante el desarrollo del aparato síquico se forman los supuestos básicos. Esto es lo que una persona cree que necesita para satisfacer sus necesidades de acuerdo a cómo sus padres satisfacían las suyas.[1]

Entre el nacimiento y los seis años se forman en el ser humano dos núcleos fundamentales de su personalidad. Seguridad (afecto) y significación (valoración o propósitos). Estos se pueden ver afectados en su formación de acuerdo a concepciones erradas de nuestros padres sobre diversos aspectos de la vida cotidiana. Es así que para muchas personas el alimento representa no lo que realmente es, sino algo que trata de llenar un profundo vacío en su existencia.

Cuando por alguna razón se ve interrumpida la maduración de alguno de estos núcleos fundamentales (seguridad y significación), queda un vacío en el ser que en forma inconsciente se tratará de llenar de alguna manera. Las personas con estos problemas tienen lo que los sicólogos denominan una motivación por déficit. Esto quiere decir, que la carencia que presenta una persona le impulsa a buscar una gratificación para satisfacerla. Esto puede impulsarlo a las drogas, al alcoholismo o a cualquiera otra forma de dependencia.

Es así como en muchas personas el alimento representa una autogratificación para proporcionarse afecto. Muchas veces el alimento representa para ellos seguridad y aceptación. Quizás esto explique por qué para algunas personas les resulta difícil ayunar y aun más, reaccionan agresivamente cuando se les invita a realizarlo pues se les privaría de su fuente de gratificación.

El comer es una prioridad sobre sus vidas que otras de mayor valor según la escala de Maslow. Una situación emocional no resuelta es una puerta abierta para que se establezca una opresión de índole espiritual.

Es así como podemos observar a personas que el comer muchas veces representa más una atadura espiritual que una necesidad. Comen compulsivamente (sin hambre), sin poderse controlar a pesar de que su peso está aumentando desmedidamente y su salud se está afectando progresivamente con el trascurrir del tiempo. ¡Se suicidan, o más bien, están siendo impulsados a ello por demonios que lo llevan a la glotonería!

Satanás conoce la prioridad de satisfacer las necesidades básicas como la alimentación, pero también conoce las puertas abiertas que hay en la personalidad de muchos creyentes por traumas, dolores o situaciones emocionales no resueltas. Conoce las áreas inmaduras en la personalidad del creyente. Por ello, utiliza los alimentos para tentarlos, oprimirlos, hacerlos cometer errores, o alejarlos de las prácticas espirituales como el ayuno. Una vez que se desencadena en una persona el deseo desmedido por los alimentos, eso trae como consecuencia que se desencadenen otros deseos.

Es por ello que en los tiempos bíblicos los romanos practicaban los grandes bacanales que consistían celebraciones que hacían en honor del dios Baco y que incluían también orgías con mucho desorden y tumulto. Pablo, en su epístola a los romanos, hizo referencia a estas prácticas de los gentiles.

Este poder es tan notorio que Adán cayó en desobediencia a Dios a través de haber ingerido del fruto del árbol del bien y del mal. Esaú vendió su primogenitura por un potaje de lentejas. Dios le reclamó en primer lugar a Sodoma y Gomorra por su glotonería. Satanás tentó al Señor Jesús después de los cuarenta días de ayuno para que convirtiera las piedras en panes.

En cambio, aquellos creyentes que deciden voluntariamente ayunar, lo que realmente están haciendo es suspender por un tiempo corto una necesidad básica para satisfacer una de un nivel superior como lo es la espiritual.

Por eso el ayuno es una decisión voluntaria en busca de opciones valederas y cimentadas en la Palabra para tener mayor comunión con el Señor, lo que nos hará crecer y madurar como creyentes. Al ayunar renunciamos a la seguridad que nos proporcionan los alimentos para confiar en la seguridad que nos da el Señor Jesucristo y sus promesas contenidas en su Palabra. Bien lo expresa Lucas 4.4: «No sólo de pan vivirá el hombre, sino de toda palabra de Dios».

Cuando se establecen como prioridad los alimentos (por razones diversas) sobre los valoras espirituales que sustentan nuestra fe cristiana, se puede llegar a caer en glotonería y tener como consecuencia una vida espiritual superficial y sin frutos. Tenemos que mantener un equilibrio sano entre estas cosas para poder ser cristianos maduros en los caminos del Señor. El Señor dijo en Juan 4.32: «Yo tengo una comida que comer, que vosotros no sabéis» refiriéndose a que el hacer la voluntad de su Padre celestial lo fortalecía en gran manera. Si estamos en profunda comunión con el Señor, su presencia nos dará fortaleza y confianza para tomar decisiones importantes en beneficio de nuestra vida espiritual. Una de estas decisiones puede ser el ayunar para el Señor.

RECOMENDACIONES GENERALES PARA REALIZAR EL AYUNO

El ayuno tiene que ser voluntario. Es un requisito indispensable el consentimiento de la persona para ayunar ya que es un acto de la voluntad humana. La persona tiene que tener disposición para tomar la decisión basada en su fe cristiana.

Tener información previa. Es muy importante conocer en qué consiste el ayuno, cuáles son sus beneficios y las precauciones que hay que tener. Eso aporta elementos reales para combatir la ansiedad y el miedo que una persona pudiera tener hacia el ayuno.

Ayune en grupo en vez de hacerlo solo. Esto beneficia su realización sobre todo cuando no se ha adquirido la disciplina de hacerlo frecuentemente o se hace por primera vez. Ver a otros realizar el ayuno nos anima a continuar, pues tenemos un grupo de referencia para comparar lo que está sucediendo en nuestro organismo. También esto proporciona confianza en los que se inician. En este punto podemos agregar que otro elemento que proporciona tranquilidad en aquellos que van a ayunar es el hecho de realizarlo bajo la supervisión de alguien experimentado en esta área.

No ayune si está atravesando una situación emocional difícil. Estas pueden ser: divorcio, muerte reciente de un ser querido, crisis depresiva, ansiedad, choque emocional, brote sicótico o cualquier condición que agote emocionalmente al organismo.

Busque un lugar tranquilo y fresco donde pueda estar relajado. Se requiere que el descanso durante el ayuno sea espiritual, emocional y físico. Donde el organismo no esté sometido a las grandes tensiones del mundo moderno. Donde los sentidos no estén bombardeados por anuncios de televisión, ruidos y tantas otras cosas que conforman la vida estresante de la actualidad.

Realizar la dieta previa de desintoxicación. Esto permite que el cuerpo y la mente se familiaricen con la experiencia del ayuno. La dieta previa no es más que un ayuno de tipo parcial donde se ingieren solamente determinados alimentos. Luego, al comenzar el ayuno absoluto (ingiriendo agua), estaremos pasando de un tipo a otro, por lo que el organismo lo tolerará mejor.

Factores que influyen negativamente para que las personas no ayunen.

- Conceptualizarlo como un sacrificio y no como un tiempo de comunión con Dios
- Patrones culturales de comer abundantemente y en forma frecuente
- Comer compulsivamente por problemas emocionales no resueltos o por ansiedad

- Que personas le comuniquen a otras falsos conceptos sobre el ayuno
- Publicidad excesiva y errada sobre la necesidad de una alimentación abundante
- Experiencias negativas de otros ayunadores

Como hemos observado anteriormente, este último factor se produce cuando una persona le manifiesta a los demás que durante el ayuno que realizó presentó muchos síntomas. Anteriormente se analizó que estos síntomas se pueden disminuir y hasta eliminar con una buena preparación. Probablemente lo que se presentó en esta persona fue una crisis curativa, o síntomas de desintoxicación acentuados porque no realizó la dieta previa.

RECOMENDACIONES GENERALES DURANTE EL AYUNO

No piense en las horas o días que faltan para concluir el ayuno. Esto influye para que su mente produzca síntomas que le harán sentirse incómodo inmediatamente.

Evite pensar o hablar de comidas (sobre todo si se está iniciando en la práctica del ayuno) pues esto produce la estimulación de los jugos gástricos.

Evite ir a la cocina pues le traerá recuerdos de alimentos sobre todo si no es un ayunador frecuente.

Evite llamadas telefónicas innecesarias, la visita de curiosos, y los ruidos molestos.

Si realiza el ayuno en un campamento, es posible que inicialmente sienta un poco de nostalgia por su casa (y sus seres queridos) pero desaparecerá rápidamente al adaptarse al grupo y a la dinámica del ayuno.

Sujete voluntariamente al Señor sus pensamientos, emociones, opiniones, prejuicios y temores. Algunas personas experimentaron enojo o nostalgia en el primer día pero luego se torna en euforia.

SUGERENCIAS GENERALES
DESPUÉS DEL AYUNO

Haga un nuevo programa sobre su manera de pensar en cuanto a los alimentos. Coma para vivir, no viva para comer. Busque asesoría pastoral o ayuda profesional en aquellas áreas emocionales en las que pudo detectar problemas durante el ayuno.

BENEFICIOS

• Permite detectar áreas emocionales que necesitan ser tratadas.
• Aumento de la autoestima.
• Mejora la disposición de los ayunadores para solicitar ayuda.
• Aumenta la claridad de los pensamientos.
• Descanso emocional.
• Aumenta la capacidad de concentración.
• Disminución del estrés.

PREGUNTAS DE REPASO

1. Defina el ayuno desde el punto de vista de la sicología.
2. Mencione algunas recomendaciones generales para realizar en mejor forma el ayuno.
3. Mencione qué hacer durante el ayuno.
4. Mencione algunos beneficios del ayuno en esta área.

SECCIÓN 5

APÉNDICE

MODELO DE DIARIO PERSONAL
DURANTE EL AYUNO

Nombre del ayunador: _____

Día:_____Fecha:_____

Ciudad: _____ País:_____

Asuntos mostrados por el Señor Jesús

1.

_____

_____

_____

_____

_____

Texto bíblico que lo respalda:

2.

_____

_____

_____

_____

_____

Texto bíblico que lo respalda:

3.

_____

_____

_____

_____

_____

Texto bíblico que lo respalda:

4.

_____

_____

_____

_____

_____

Comentarios generales:

_____

_____

_____

_____

CAMBIOS METABÓLICOS DURANTE EL AYUNO

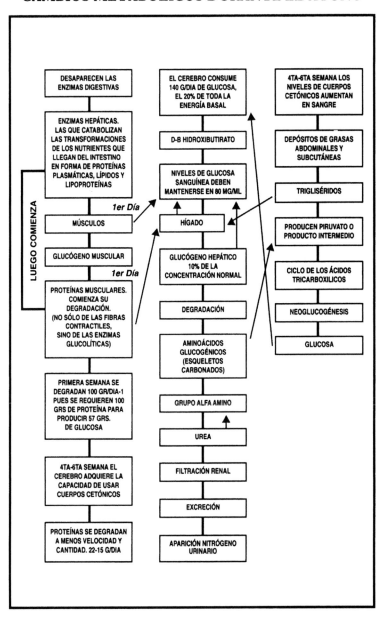

ENCUESTA DE SÍNTOMAS PRESENTADOS
DURANTE UN AYUNO

A continuación presento la encuesta a la que los ayunadores accedían voluntariamente durante los ayunos corporativos de Misiones Valle de la Decisión.

Nombre del ayunador:

_____

*Día del ayuno:*_____*Fecha:*_____

A CONTINUACIÓN MARQUE CON UNA CRUZ EN EL PARÉNTESIS CORRESPONDIENTE LOS SÍNTOMAS QUE USTED PRESENTE DURANTE LA REALIZACIÓN DE ESTE AYUNO

HÁBITOS SICO-BIOLÓGICOS
Insomnio ( )   Sueño ( )
Sueño interrumpido ( )   Somnolencia ( )

PIEL
Frialdad en todo el cuerpo ( )   Erupciones ( )

CABEZA
Dolor ( )   Sensación de peso ( )   Otros ( )

¿Cuales? _____

_____

_____

OJOS
Dolor ( )   Otros ( )

¿Cuáles? _____

OÍDOS
Sonidos ( )
¿Cuáles? _____

NARIZ
Obstrucción nasal ( )   Secreción ( )   Otros ( )
¿Cuáles? _____

BOCA
Sabor amargo en la saliva ( )   Salivación aumentada ( )
Mal aliento ( )   Dolor en las encías ( )
Dolor en las mandíbulas ( )   Otros ( )

¿Cuáles? _____

GARGANTA
Dolor al tragar ( )   Ardor ( )

APARATO RESPIRATORIO
Dificultad respiratoria ( )   Tos con expectoración ( )
Otros ( )

¿Cuáles? _____

OSEO–MUSCULAR (Articulaciones y extremidades)
Dolores musculares ( )   Dolor de espalda ( )
Adormecimiento en las piernas ( )
Frialdad en las manos ( )
Frialdad en los pies ( )

APARATO CARDIOVASCULAR
Palpitaciones ( )   Otros ( )

¿Cuáles? _____

APARATO GASTROINTESTINAL

Dolor estomacal ( )   Gases ( )   Acidez estomacal ( )
Eructos ( )   Hipo ( )   Náuseas ( )
Vómitos ( )   Diarrea ( )

APARATO GENITOURINARIO

Orina con olor extraño ( ) ¿Cuál?
Ardor ( )   Otros ( )

¿Cuáles? _____

APARATO GINECOLÓGICO

Le apareció la menstruación durante el ayuno? Si ( )   No ( )
Dolores menstruales ( )
Flujo vaginal ( )

Otros hallazgos: _____

_____

_____

OBSERVACIONES:

_____

_____

_____

_____

_____

HIPERCOLESTEROLEMIA DEL AYUNO EN HUMANOS Y ANIMALES

AMAYA J.(EST. DOCTORADO) CARUCI J. (MÉDICO)
CIOCCIA A. (PROF. NUTRICIÓN) Y HEBIA P.
(PROF. NUTRICIÓN) LABORATORIO DE NUTRICIÓN.
DEPARTAMENTO DE TECNOLOGÍA DE PROCESOS
BIOLÓGICOS Y QUÍMICOS. UNIVERSIDAD
SIMÓN BOLÍVAR. CARACAS, VENEZUELA.

El ayuno origina en el organismo adaptaciones metabólicas orientadas a conservar sus reservas energéticas. Durante períodos de ayuno total en algunas especies se ha reportado una profunda hipercolesterolemia que se ha atribuido a:

1. Una continua biosíntesis de colesterol concomitante con un decrecimiento o ausencia de la excreción intestinal.

2. La movilización del colesterol almacenado en los tejidos en respuesta a los cambios metabólicos originados por el ayuno.

3. Una combinación de las dos situaciones anteriores. Con el fin de entender mejor la hipercolesterolemia del ayuno, aquí se estudió en pollos, ratas y humanos. Para ello las ratas y pollos adultos en crecimiento se sometieron a tres días de ayuno seguidos de dos días de realimentación, y además se estudió un grupo de ayunadores religiosos (20 mujeres y 5 hombres) que ayunaron durante siete días.

Los resultados mostraron que al contrario de lo observado con ratas, en que el colesterol circulante no varió con el ayuno, en los pollos y humanos el ayuno produjo una severa hipercolesterolemia. La hipercolesterolemia observada no fue causada por hemo–concentración, debido a que no se observaron variaciones sustanciales en los valores de hematocrito. En pollos se observó un incremento del colesterol plasmático total del 15% el primer día y 45% el segundo día de ayuno que declinó gradualmente hasta un 9% el último día de realimentación.

En los humanos, el colesterol plasmático total aumento en 71% luego de tres días de ayuno y en 117% el séptimo día del ayuno, declinando hasta llegar a niveles normales el tercer día de realimentación. El aumento del colesterol se observó en ambas lipoproteínas, hdl y ldl. Dicho aumento el día del máximo incremento del colesterol circulante fue de 70% para pollos y 77% para humanos en hdl y del 40% para pollos y 130% para humanos en ldl respectivamente.

METABOLIC RESERVES OF A MAN OF NORMAL WEIGHT 70
KGS, AND AN OBESE MAN AT THE BEGINNING OF FASTING.
THE SURVIVAL TIME HAS BEEN CALCULATED ALLOWING
FOR A CONSUMPTION OF BASAL ENERGY OF 1,800 CAL KCAL/
PER DAY. G.F. CAHILL Jr. AND COL. BOSTON U.S.A.
(GLUCOSE, FATTY ACIDS TRIACILGLICERIDS)

● ●

MAN OF 154 POUNDS (70 KILOS)

TYPES OF RESERVES	WEIGHT RESERVES	EQUIVALENT (CAL EN KCAL)	LENTH OF FAST
TRIACILGLICERIDS	15	141,000	
PROTEINS	6	24,000	
GLUCOGEN	0. 225	900	
CIRCULATING RESERVES	0.023	100	
TOTAL		166.000	Approx. 3 months

● ●

AN OBESE MAN

TYPES OF RESERVES	WEIGHT RESERVES	EQUIVALENT (CAL EN KCAL)	LENTH OF FAST
TRIACILGLICERIDS	80	752,000	
PROTEINS	8	32,000	
GLUCOGEN	0.23	920	
CIRCULATING RESERVES	0.025	110	
TOTAL		785.030	Approx. 14 months

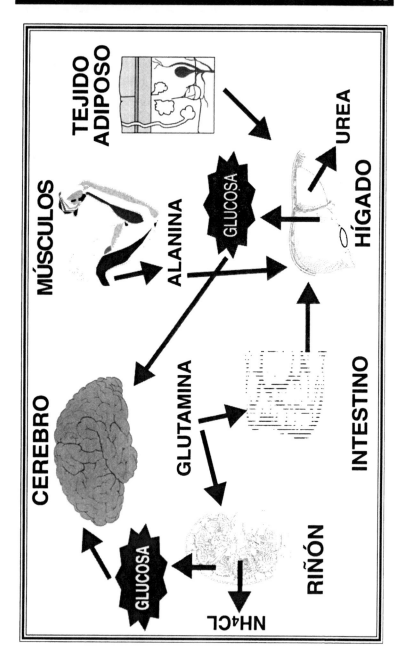

ENCUESTA DE FACTORES QUE PUEDEN INFLUIR NEGATIVAMENTE EN LA REALIZACIÓN DEL AYUNO

A continuación se le presentan algunas alternativas. Marque en el paréntesis la respuesta correspondiente. La información aportada será anónima y confidencial.

ANTES DE REALIZAR EL AYUNO

1. Es la primera vez que ayuna: Sí ( )   No ( )

2. Usted está ayunando en forma: Voluntaria ( )
Por curiosidad ( )   Por acompañar a un familiar ( )

Otra. Especifique:

_____

_____

_____

_____

3. Tiene alguna información previa sobre el ayuno:
Mucha ( )   Poca ( )   Ninguna ( )

4. Si ha ayunado en otras ocasiones lo ha realizado:
Solo ( )   En grupo ( )
En caso de que lo haya realizado de las dos formas, ¿cuál le pareció más fácil?
Solo ( )   Acompañado ( )

5. ¿Ha estado atravesando por situaciones emocionales difíciles?
Sí ( )   No ( ) En caso afirmativo mencione cuáles.

_____

_____

6. Las veces anteriores que ha ayunado lo ha realizado en:
Su casa ( )   Lugar con ruido ( )   Caluroso ( )
Muy frío ( )   Trabajando ( )   Viendo televisión ( )

7. ¿Realizó la dieta previa de desintoxicación?
Sí ( )   No ( )   En parte ( )

8. ¿Qué concepto tiene del ayuno?
Es un sacrificio ( )   Es algo agradable ( )

9. Según sus patrones culturales se le ha enseñado desde niño
que:
Hay que comer abundantemente ( )
Que nunca se debe dejar de comer ( )
Que hay que comer frecuentemente ( )

10. ¿Usualmente come cuando está triste o ansioso?
Sí ( )   No ( )

11. ¿Había escuchado anteriormente conceptos negativos sobre el ayuno? Sí ( )   No ( )

Mencione algún ejemplo: _____

_____

12. ¿Qué porcentaje de veracidad cree usted que tiene lo que por diversos medios de comunicación (radio, televisión y prensa) se anuncia con referencia a que comer abundantemente es necesario para tener una buena salud?
Mucho ( )   Regular ( )   Poco ( )

13. ¿Le han contado otros ayunadores experiencias negativas que ellos tuvieron en sus ayunos? Sí ( ) No ( )
Observaciones:

_____

_____

_____

_____

DURANTE EL AYUNO

1. Durante este ayuno (y en los anteriores) usualmente piensa en la hora en la cual va a finalizar.
Sí ( )   No ( )

2. Ha hablado con otros o pensado en alimentos durante este ayuno.
Mucho ( )   Poco ( )   Nada ( )

3. Cuando ha ayunado en su casa usualmente visita el área de la cocina.
Mucho ( )   Poco ( )   Nada ( )

4. Cuando ha ayunado en su casa:
¿Recibe muchas llamadas telefónicas? Sí ( )   No ( )

¿Recibe la visita de muchas personas que saben que usted está ayunando? Sí ( )   No ( )

¿Hay muchos ruidos molestos en su casa, como radio, televisión, carros en la avenida? Sí ( )   No ( )

5. ¿Ha participado en retiros de ayuno en su casa y en campamentos?
Sí ( )   No ( )

En caso afirmativo, ¿cuál le pareció mejor?
En la casa ( )   En el campamento ( )

6. Durante el ayuno en el campamento, ¿sintió nostalgia por sus seres queridos y su casa?
Sí ( )   No ( )   Solamente el primer día ( )

7. ¿Qué pensamientos le han venido con mayor frecuencia durante el ayuno? Nombre algunos.

_____

_____

_____

8. ¿Qué sentimientos o emociones ha experimentado durante este ayuno?

_____

_____

_____

Otras Observaciones y comentarios:

_____

_____

_____

_____

_____

_____

_____

_____

_____

_____

_____

_____

_____

NOTA: *Esta encuesta se realizó en forma anónima para darle más confianza a los ayunadores y así aportar datos más reales.*

ESCALA DE JERARQUÍA DE NECESIDADES
HUMANAS DE ABRAHAM MASLOW

AUTORREALIZACIÓN

DE PROPÓSITO

DE AMOR PERTENENCIA

DE SEGURIDAD

FÍSICAS

FÍSICAS	DE SEGURIDAD	DE AMOR PERTENENCIA	DE PROPÓSITO	AUTORREALIZACIÓN
1. Alimento y bebida	1. Sentimiento de seguridad	1. Aceptación	1. Reconocimiento y prestigio	1. Sentimiento de plenitud
2. Sueño	2. Protección	2. Sentimiento de pertenecer	2. Confianza y liderazgo	2. Haciendo las cosas sólo por el desafío
3. Salud	3. Confort y paz	3. Miembro de un grupo	3. Habilidad y alcance	3. Curiosidad intelectual
4. Necesidad del cuerpo	4. Sin peligro ni amenaza	4. Amor y afecto	4. Competente y exitoso	4. Creatividad y apreciación estética
5. Ejercicio y descanso	5. Comodidad ordenada	5. Participación	5. Fuerza e inteligencia	5. Aceptación de la realidad

BIBLIOGRAFÍA

SECCIÓN 1
(1) Lee Bueno, *El ayuno, fuente de salud*, Editorial Vida, 1995, p. 1332.

(2) Secuencia de versículos tomados de la Biblia de Estudio Thompson, Editorial Vida.

(3) Wagner, Peter, *Iglesias que oran*, Editorial Betania, *1995, p. 113.*

SECCIÓN 2
(1) Jay H. Stein, Medicina Interna, Salvat Editores, Tomo I, 1984.

(2) Siwek RA and col. Body composition of fasting obese patients measured by in vivo neutron activation analysis and isotopic dilution. Department of Medical Physics, University of leeds, Clin Phys Physiol, General infirmary, England, Meas, Aug 1987, pp. 271-82.

(3) Carrington, H. Fasting for health and long life, Health Research, Mokelumne Hill, CA, 1953.

(4) G.F. Cahill, Jr. and col. Starvation in man, Boston University, New England Journal Medicine, 1970, Vol 282, p. 668.

(5) Shelton, Herbert M, Fasting can save your life, Hygiene Press, 1964.

(6) Arnold De Vries, Therapeutic Fasting, Chandler Book Company, 1963.

(7) Hevia P., Hipercolesterolemia del ayuno en humanos y animales, Primer congreso nacional de Nutriología, Mérida, Yucatán, México, noviembre de 1992.

SECCIÓN 3

(1) G.F, Jr. and col, Stervation in man, Boston University, New England Journal Medicine, 1970, vol 282, p. 668.

SECCIÓN 4

(1) Crabb, Lawrence J., Principios bíblicos del arte de aconsejar, Editorial CLIE, 1977.

(2) Praxiskurier, Medical Journal, abril 1982.

ACERCA DEL AUTOR

José Ramón Caruci es médico graduado de la Universidad Central de Venezuela.

Obtiene el Doctorado de Filosofía en Educación Cristiana en Vision International University en los Estados Unidos de Norteamérica.

Funda en 1986 Misiones Valle de la Decisión en Venezuela, un ministerio creciente que avanza hacia las naciones con el poderoso mensaje del evangelio. Tiene tres áreas de trabajo: Evangelismo, centros de ayuno y oración y centros comunitarios.

El trabajo de la organización se ha extendido hacia América Latina, Islas del Caribe, Estados Unidos y Europa.

El Dr. José Ramón Caruci dicta seminarios y talleres dirigidos al liderazgo cristiano y dirige «Ayuno y oración para ministros» en varios países. De igual modo dirige ayunos masivos como medio de quebrantar opresiones que operan sobre las ciudades, y favorecer así la evangelización de las mismas.

Vive con su esposa Nelly y sus dos hijos, Gabriel y Jonatán, en los Estados Unidos de América.